高职高专规划教材

环境保护法

李莉霞　主编

刘佳娉　凌　云　副主编

化学工业出版社

·北京·

本书注重环境法学理论体系的构建，关注环境法学基本原则以及基本制度，并对环境法律体系内的三大责任制度进行了梳理。本书突出当前立法思潮和国家政策，根据新颁布的法律、法规对内容及结构进行了完善，尤其对法律中增加的新制度和新规则进行了深入的分析。本书在编写设计中注重对环境保护法学实践的引入，吸收了近年的时事以及案例材料，方便教材使用者开展环境法的教学实践。

　　本书既可作为高等学校、职业院校环境类专业学生学习环境保护法学知识的教材，也可作为环境保护从业人员的培训用书及参考资料。

图书在版编目（CIP）数据

环境保护法/李莉霞主编. —北京：化学工业出版社，
2019.3（2024.1重印）
高职高专规划教材
ISBN 978-7-122-33700-9

Ⅰ.①环… Ⅱ.①李… Ⅲ.①环境保护法-中国-高
等职业教育-教材 Ⅳ.①D922.68

中国版本图书馆 CIP 数据核字（2019）第 008738 号

责任编辑：王文峡　　　　　　　　　　文字编辑：李　曦
责任校对：杜杏然　　　　　　　　　　装帧设计：史利平

出版发行：化学工业出版社（北京市东城区青年湖南街 13 号　邮政编码 100011）
印　　装：三河市延风印装有限公司
787mm×1092mm　1/16　印张 10　字数 216 千字　　2024 年 1 月北京第 1 版第 6 次印刷

购书咨询：010-64518888　　售后服务：010-64518899
网　　址：http://www.cip.com.cn
凡购买本书，如有缺损质量问题，本社销售中心负责调换。

定　　价：32.00 元

前言
PREFACE

自 2015 年《中华人民共和国环境保护法》实施以来，我国环境法制度建设有了很大进展。国家先后颁布、修订了《中华人民共和国海洋环境保护法》《中华人民共和国水污染防治法》《中华人民共和国标准化法》《中华人民共和国环境保护税法》《中华人民共和国水法》《中华人民共和国节约能源法》《中华人民共和国环境影响评价法》《中华人民共和国大气污染防治法》《中华人民共和国防治海岸工程建设项目污染损害海洋环境管理条例》《中华人民共和国自然保护区条例》《消耗臭氧层物质管理条例》《农药管理条例》等。 我国的环境法制建设步入快车道，在环境立法、执法、司法、守法方面都取得了新进展，党的十九大报告提出"加快生态文明体制改革，建设美丽中国"的战略部署，这都要求环境保护法的教材要跟上时代的步伐，适应新形势的发展，使广大师生掌握国家最新环境保护法律、法规、规章的内容，把握环境保护管理的重点和方向，以良好的法律素养和专业技能为我国的环境资源保护事业服务。

本教材根据近年来颁布、修订的法律、法规、规章的变化，为适应我国高职高专教育发展的需要，按照高职高专课程教学改革及相关环境保护工作人员的需要而编写。

本教材共分八章，分别介绍了环境法概述、环境法的基本原则、环境法的基本制度、环境行政责任、环境民事责任、环境刑事责任、自然资源保护法和环境污染防治法。

本教材由长沙环境保护职业技术学院李莉霞任主编，刘佳娉、凌云任副主编，张晓缝和江苏城市职业学院沈宏参编完成，由湖南师范大学环境法博士刘爱良（原湖南省张家界市中级人民法院法官、郴州市中级人民法院资深法官）审定。 本教材内容较全面、翔实，涵盖了高等职业院校环境保护专业、环境法教学大纲的内容以及环境管理人员自学或培训的基本内容。

本教材编写过程中，我们参阅了大量的国内外环境法的文献论著、网站资料，以及近年来国家颁布实施的环境保护方面相关的法规和管理制度，并得到相关环境保护部门和有关专家的大力协助，在此一并致谢。

由于编者水平有限，加之时间仓促，书中难免有不妥和疏漏之处，敬请读者和同行们指正，不胜感激。

编 者

2018 年 10 月

目录
CONTENTS

◎ 第八章 环境污染防治法 130

◎ 参考文献 150

第一章　环境法概述

▶▶ 本章导读

掌握环境法的含义及适用范围和环境法体系，熟悉环境法的特征和任务。

第一节
环境与环境问题

一、环境

《中华人民共和国环境保护法》第二条规定："本法所称环境，是指影响人类生存和发展的各种天然的和经过人工改造的自然因素的总体，包括大气、水、海洋、土地、矿藏、森林、草原、湿地、野生生物、自然遗迹、人文遗迹、自然保护区、风景名胜区、城市和乡村等。"

环境一般按照环境的主体、环境的要素、环境的范围和人类对环境的影响程度等进行分类。从环境的形成要素进行分类，可将环境分为自然形成的环境和经过人工改造过的环境；从环境的不同主体进行分类，可将环境分为人类环境和生物环境；从人类对环境的影响程度或者环境的功能进行分类，可将环境分为生活环境和生态环境。《中华人民共和国宪法》第二十六条规定："国家保护和改善生活环境和生态环境，防治污染和其他公害。国家组织和鼓励植树造林，保护林木。"生活环境，是指与人类生活密切相关的各种天然的和经过人工改造过的自然因素。生态环境，是指影响生态系统发展的各种生态因素，即环境条件。各种分类都是相对的，它们之间均存在相互交叉之处，故不应加以绝对划分。

二、环境问题

环境问题，是指由于自然原因或人类活动，使环境质量下降或者生态破坏，对人类的社会经济发展、身体健康以及生命安全及其他生物产生有害影响的现象。环境问题的产生，有以下两方面的原因：

其一是自然原因，如火山爆发、地震、海啸、泥石流、洪水泛滥、干旱等自然灾害。

其二是由人类活动引起的环境问题，如人们过度砍伐森林造成水土流失，排放污水造成水体污染等。

环境法学研究的主要环境问题是指由于人类活动所引起的环境问题。

由于人类活动引起的环境问题有环境破坏和环境污染。环境破坏，是指由于人们对环境不合理的开发利用活动所造成的现象，即由于毁林开荒、过度放牧、掠夺性捕捞、不合理灌溉、不适当的水利工程、过量抽取地下液体和破坏性采掘。环境污染，是指由于人们在生产建设或者其他活动中产生的废气、废水、废渣、粉尘、恶臭气体、放射性物质以及噪声、振动、电磁波辐射等对环境的污染和危害，使环境质量恶化，影响人体健康、生命安全，或者影响其他生物的生存和发展以至生态系统良性循环的现象。

第二节
环境法的基本理论

一、环境法的特征

人类是环境的产物，环境还为人类提供了生存和发展的物质基础。由于认识能力和科学技术水平的限制，人类在利用环境过程中同样也给环境带来了副作用，即给环境造成了污染和破坏；被污染和破坏了的环境，反过来又影响人们的生存和发展，以至危害人体健康和生命安全。为了减弱或消除环境的有害影响，人类逐步学会了运用科学技术、经济、行政、宣传教育和法律等手段来保护和改善环境，节约和充分利用自然资源，防治环境污染和生态破坏。

所谓环境保护，是指保护和改善生活环境与生态环境，合理开发利用自然资源，防治环境污染和其他公害，使环境符合人类的生存和发展。环境保护的两项内容相辅相成，密切联系。一方面，我国环境污染严重的主要原因是自然资源的浪费；另一方面，加强对环境污染的防治，会使得自然资源得以充分、永续地利用。

环境保护的基本手段主要有行政、经济、科学技术、宣传教育和法律等，其中法律手段较为有效。因为法律具有国家强制性特点，其他手段大都规定在法律中，并以法律手段作为其实施的保障。例如，行政手段、经济手段等，大都在环境法中规定，并以法律手段作为保障。

环境法，是指调整因保护和改善环境，合理开发利用自然资源，防治环境污染和其他公害而产生的社会关系的法律规范的总称。作为部门法的一种表现形式，环境法具有与其他部门法相同的一般特征（如规范性、强制性等）。由于环境法是法学与环境科学的交叉学科，因此环境法还具有与其他部门法所不同的固有的特征。它们主要表现在如下三个方面：

（一）科学技术性

环境法既反映社会主义经济规律（包括价值规律），也反映生态规律的要求。环境法的基本原则和基本制度，如保护优先、预防为主、综合治理、公众参与、损害担责原则等，以及环境影响评价制度、"三同时"制度、污染物总量控制制度等，都体现了这些客观规律，这就是环境法的科学性。

环境法体现对于自然规律的遵守，通过调整一定领域的社会关系来协调人与自然的关系，所以必须体现自然规律尤其是生态学规律的要求。在环境立法过程中，运用大量有关技术规范、环境标准、操作规程、控制污染的各种工艺技术等，因此，在环境法中包含较多的技术规范。

（二）综合性和广泛性

1. 保护对象的综合性和广泛性

人类赖以生存和发展的整个环境都是需要被保护的，所以环境法保护的对象具有综合性和广泛性。人类活动是多方面的，从政治、经济、军事到文化科学；从生产、流通到消费；从劳动、休息到体育、娱乐等皆与环境保护有关。从目前环境法的规定来看，其所要保护的对象大致有三类：

一是自然环境要素，如空气、水、土地等；

二是人为环境因素，如生活居住区、公园、人文遗迹等；

三是整个地球的生物圈，如臭氧层、海洋、热带雨林以及其他生命物种等。

可见，环境法保护对象的综合和广泛程度，是其他部门法所无法比拟的。

2. 监督主体的综合性和广泛性

从监督管理部门看，除了包括县级以上环境保护行政主管部门外，还包括海洋、港监、海事、渔业、渔政、军队、公安、交通、铁道、民航以及土地、矿业、林业、农业、水利等依法行使环境保护监督管理权的行政部门。《中华人民共和国环境保护法》构建了政府、企业事业单位和公民等多元主体共治的环境保护法体系，特别强化了各级人民政府的环境保护责任，充分体现了环境保护法的综合性和广泛性特点。

（三）可持续发展性

《中华人民共和国环境保护法》《中华人民共和国海洋环境保护法》《中华人民共和国大气污染防治法》《中华人民共和国土地管理法》《中华人民共和国防沙治沙法》，都明确规定了可持续发展的思想。另外，在环境法的基本原则、基本制度、保护和防护措施等方面也充分体现了这一特点。例如，从法律制度看，有环境影响评价制度、清洁生产制度、限期淘汰制度等；从保护和防治措施看，有禁止生产、销售和使用有毒、有害物质超过国家标准的建筑和装修材料，保护湿地，退耕还林、还草、还湖等保护和防治措施。

二、环境法的任务

《中华人民共和国环境保护法》第一条规定："为保护和改善环境，防治污染和其他公害，保障公众健康，推进生态文明建设，促进经济社会可持续发展，制定本法。"《中华人民共和国宪法》第二十六条规定："国家保护和改善生活环境和生态环境，防治污染和其他公害。"从《中华人民共和国海洋环境保护法》《中华人民共和国大气污染防治法》《中华人民共和国土地管理法》等立法任务可知，我国环境法有下列两项任务。

（一）保护和改善生活环境和生态环境

我国正处在工业化中后期和城镇化加速发展的阶段，发达国家一两百年间逐步出现的环境问题在我国集中显现。由于我国自然环境脆弱、人口众多，多年来经济增长方式粗放，环境监管不力，当前环境形势局部虽有改善，但总体尚未遏制，压力继续增大。环境问题主要体现为环境污染严重和生态系统退化。一些重点流域、海域水污染严重，部分区域和城市大气灰霾现象突出，许多地区主要污染物排放量超过环境资源承载能力。农村环境污染加剧，重金属、化学品、持久性有机污染物以及土壤、地下水等污染在局部地区已影响到粮食安全。当前，保护环境的主要任务就是从源头上扭转环境污染、生态破坏等环境恶化趋势，为人民创造良好的生活和生产环境，为子孙后代留下绿水青山。

（二）防治环境污染和其他公害

所谓环境污染和其他公害，是指由于人类生产和生活等活动产生的超过环境自净能力的某些物质进入环境，导致环境的物理、化学、生物等特性发生改变，从而引起环境质量下降，破坏生态平衡，危害人类正常生存和发展的现象。公害，是指由于人为污染和破坏环境，对公众的健康、安全、生命、公私财产及生活舒适性等造成的危害。

《中华人民共和国环境保护法》第四十二条所列举的环境污染，包括人们在生产建设或者其他活动中产生的废气、废水、废渣、医疗废物、粉尘、恶臭气体、放射性物质，以及噪声、振动、光辐射、电磁辐射等对环境的污染和危害，即指将某种物质引入环境而使环境质量恶化的现象。其他公害，是指除上述的环境污染和危害之外，现在尚未出现而今后可能出现的，或者现在已经出现但尚未包括在《中华人民共和国环境保护法》所列举的环境污染和危害之中的公害，如废热、光污染等。

第三节
环境法体系

一、环境法体系的定义

一个国家的法律体系，是指由本国现行的全部法律规范按照调整的不同社会关系组合而成的不同部门法所形成的有机联系的统一整体。部门法，是指调整同一类社会关系的法律规范的有机综合体，也称法律部门。

环境法体系，是指由调整因保护和改善生活环境和生态环境，合理开发利用自然资源，防治环境污染和其他公害而产生的社会关系的法律规范所形成的有机统一体。

二、我国现行的环境法体系

我国现行的环境法体系可以概括为以下七个方面：

（一）《中华人民共和国宪法》中有关环境保护的法律规范

宪法是我国的根本大法。宪法中有关环境保护的规定如下。

《中华人民共和国宪法》第二十六条第一款规定："国家保护和改善生活环境和生态环境，防治污染和其他公害。"第二款规定："国家组织和鼓励植树造林，保护林木。"第九条第一款规定："矿藏、水流、森林、山岭、草原、荒地、滩涂等自然资源，都属于国家所有，即全民所有；由法律规定属于集体所有的森林和山岭、草原、荒地、滩涂除外。"第九条第二款规定："国家保障自然资源的合理利用，保护珍贵的动物和植物。禁止任何组织或者个人用任何手段侵占或者破坏自然资源。"第十条第一款规定："城市的土地属于国家所有。"第十条第二款规定："农村和城市郊区的土地，除由法律规定属于国家所有的以外，属于集体所有。"第十条第五款规定："一切使用土地的组织和个人必须合理地利用土地。"第二十二条第二款规定："国家保护名胜古迹、珍贵文物和其他重要历史文化遗产。"从上述规定可以看出，《中华人民共和国宪法》强调对自然资源的严格保护和合理利用，以及防止因对自然资源的不合理开发而导致的环境破坏。《中华人民共和国宪法》第五十一条规定："中华人民共和国公民在行使自由和权利的时候，不得损害国家的、社会的、集体的利益和其他公民的合法的自由和权利。"

（二）综合性环境保护基本法

环境保护基本法是在环境保护法体系中地位仅次于宪法的国家基本法，是制定环境保护法体系中的自然资源保护和环境污染防治的单行法，以及环境保护行政法规、规章的基本依据。

2015年1月1日起施行的《中华人民共和国环境保护法》作为一部综合性的基本法，对环境保护的重要问题作了全面的规定：

1. 规定了环境保护法的立法目的

《中华人民共和国环境保护法》第一条规定："为保护和改善环境，防治污染和其他公害，保障公众健康，推进生态文明建设，促进经济社会可持续发展，制定本法。"

2. 规定了环境的含义

《中华人民共和国环境保护法》第二条规定："本法所称环境，是指影响人类生存和发展的各种天然的和经过人工改造的自然因素的总体，包括大气、水、海洋、土地、矿藏、森林、草原、湿地、野生生物、自然遗迹、人文遗迹、自然保护区、风景名胜区、城市和乡村等。"

3. 规定了我国环境法的基本原则和基本制度

环境保护坚持保护优先、预防为主、综合治理、公众参与、损害担责的基本原则。《中华人民共和国环境保护法》的基本制度有环境影响评价制度、"三同时"制度等。

4. 规定了一切单位和公民个人都有保护环境的义务

《中华人民共和国环境保护法》第六条规定："一切单位和个人都有保护环境的义务。地方各级人民政府应当对本行政区域的环境质量负责。企业事业单位和其他生产经营者应当防止、减少环境污染和生态破坏，对所造成的损害依法承担责任。公民应当增强环境保护意识，采取低碳、节俭的生活方式，自觉履行环境保护义务。"第五十七条规定："公民、法人和其他组织发现任何单位和个人有污染环境和破坏生态行为的，有权向环境保护主管部门或者其他负有环境保护监督管理职责的部门举报。"

5. 规定了违反环境法的法律责任

《中华人民共和国环境保护法》第六章"法律责任"一章中，规定了违反环境法的行政拘留、侵权责任以及刑事责任。

（三）环境保护单行法律、法规

环境保护单行法律、法规的立法宗旨是防治某一类污染物或者保护某一类自然资源。主要包括：

1. 环境污染防治单行法律、法规、规章

环境污染防治单行法律、法规、规章涉及的范围相当广泛。从内容上看，主要包括《中华人民共和国大气污染防治法》《中华人民共和国水污染防治法》《中华人民共和国海洋环境保护法》《中华人民共和国环境噪声污染防治法》《中华人民共和国固体废物污染环境防治法》《中华人民共和国放射性污染防治法》《中华人民共和国清洁生产促进法》《中华人民共和国环境影响评价法》《中华人民共和国循环经济促进法》等。为了使上述单行法具体化和便于实施，国务院和有关部委制定了相配套的实施细则、条例，如《建设项目环境保护管理条例》《废弃电器电子产品回收处理管理条例》等。

2. 自然资源保护单行法律、法规、规章

自然资源保护方面的单行性专门环境立法涉及的范围相当广泛。从内容上看，主要包括《中华人民共和国水法》《中华人民共和国土地管理法》《中华人民共和国森林法》《中华人民共和国渔业法》《中华人民共和国矿产资源法》《中华人民共和国水土保持法》《中华人民共和国防沙治沙法》《中华人民共和国野生动物保护法》等。为了使上述自然资源保护单行法具体化和便于实施，国务院和有关部委制定了相配套的实施细则、条例和办法等，如《中华人民共和国土地管理法实施条例》《土地复垦条例》《中华人民共和国矿产资源法实施细则》等。

（四）环境保护标准中的环境保护规范

环境标准，是指为保护人体健康、社会财物和促进生态良性循环，对环境中的污染物或有害因素水平及其排放源规定的限量阈值或技术规范。它是在综合研究的基础上制定并经有

关部门批准，赋予法律效力的技术准则。

我国的环境标准体系已初具规模，形成了由国家和地方两级构成，包括环境质量标准、污染物排放标准、环境基础标准、环境监测方法标准、环境标准样品标准和其他环境标准6个方面的环境标准体系。国家环境标准，是指由国务院有关部门依法制定和颁布的在全国范围内或者在特定区域、特定行业内适用的环境标准。地方环境标准，是指由省、自治区、直辖市人民政府制定颁布的在其行政区域内适用的环境标准。

环境质量标准，是指国家为保障人体健康和维护生存环境，对污染物（或有害因素）容许含量（或要求）所作的规定。环境质量标准体现国家的环境保护政策和要求，是衡量环境是否受到污染的尺度，是环境规划、环境管理和制定污染物排放标准的依据。

污染物排放标准，是指国家对人为污染源排入环境的污染物的浓度或总量所作的限量规定。其目的是通过控制污染源排污量的途径来实现环境质量标准或环境目标，污染物排放标准按污染物形态分为气态、液态、固态以及物理性污染物（如噪声）排放标准。

环境基础标准，是指在环境标准化工作范围内，对有指导意义的符号、代号、指南、程序、规范等所作的统一规定。它是制定其他环境标准的基础。

环境监测方法标准，是指为监测环境质量和污染物排放、规范采样、分析测试、数据处理等技术所制定的国家环境监测方法标准。例如，《轻型汽车排放污染物测试方法》等。

环境标准样品标准，是指为在环境保护工作和环境标准实施过程中标定仪器、检验测试方法、进行量值传递而由国家法定机关制作的能够确定一个或多个特性值的物质和材料。例如，"水质COD标准样品"等。

其他环境标准，是指其他环境保护标准。例如，执行各项环境管理制度、监测技术、环境规划的技术要求、规范、导则，等等。

（五）其他部门法中关于环境保护的规定

其他部门法如民法、刑法、经济法、行政法中包含了与环境保护有关的法律规范，这些法律规范也是环境保护法体系的重要组成部分。例如，《中华人民共和国民法通则》规定，国家和集体享有重要自然资源（包括土地、矿藏、森林、山岭、草原、荒地、滩涂、水面）的所有权，同时规定使用单位和个人有管理、保护和合理利用的义务。《中华人民共和国民法通则》规定，从事高空、高压、易燃、易爆、剧毒、放射性、高速运输工具等对周围环境有高度危险的作业造成他人损害的，应当承担民事责任；违反国家保护环境防治污染的规定，污染环境造成他人损害的，应当依法承担民事责任。由此可以看出，《中华人民共和国民法通则》明确了环境侵权的民事责任。

《中华人民共和国刑法》分则第六章，专门设立"破坏环境资源保护罪"一节，对严重污染环境和破坏自然资源的犯罪行为规定了相应的刑事责任。在"走私罪""渎职罪"中也有关于环境保护的规定。行政法中关于环境保护的规定主要体现在环境行政执法需要运用的法律规范中。主要包括行政机关通过《中华人民共和国行政处罚法》对污染环境、破坏资源的行为进行行政处罚；行政机关通过《中华人民共和国行政复议法》对与环境有关的行政行为进行复议。《中华人民共和国中外合资经营企业法实施条例》第四条规定："申请设立合营企业，造成环境污染的，不予批准。"

（六）地方性环境保护法规、规章

地方性环境保护法规、规章，是指由省、自治区、直辖市和其他依法有制定权的地方人民代表大会及其常务委员会和地方人民政府制定的有关合理开发、利用和保护、改善环境方面的地方性环境法规和地方性环境行政规章。

环境问题的复杂性和地方性的特点，使地方性环境规范在我国环境保护法体系中有着重要的意义，它不仅对保护和改善地方环境发挥着积极、重要的作用，而且弥补了国家环境立法的不足，为国家环境保护法的完善提供了立法经验。地方性环境保护法规、规章的内容相当广泛，规定得也比较具体，可操作性强，在地方环境保护监督管理中起着重要和不可替代的作用。例如，《湖南省环境保护条例》《西藏自治区环境保护条例》《北京市环境噪声管理暂行办法》《山西省减少污染物排放条例》《深圳经济特区饮用水源保护条例》等。

（七）我国参加和批准的国际法中的环境保护规范

由于环境问题是全人类面临的共同问题，它的解决需要世界各国携手共同努力，所以环境保护的国际法规范也越来越为各国所重视。我国参加、批准并对我国生效的一般国际条约中的环境保护规范和专门性国际环境保护条约，都是我国环境保护法体系的重要组成部分。比如，《联合国海洋法公约》《保护臭氧层维也纳公约》《生物多样性公约》《联合国气候变化框架公约》《控制危险废物越境转移及其处置巴塞尔公约》《保护世界文化和自然遗产公约》等。

目前，我国环境法体系已日臻完善。环境法体系的规模、环境法的重要地位和作用已得到国家和人民的承认。随着我国环境法制建设的不断发展，加之借鉴国外先进的经验，我国环境法体系也会进一步完善，从而达到一个更高的水平。

阅读材料

环境保护部：2017年前10月全国实施五类案件总数超3万件

环境保护部向媒体通报各地环保部门2017年10月执行环境保护法配套办法及移送环境犯罪案件的情况。

据环境保护部环境监察局局长介绍，1—10月，全国实施五类案件（按日连续处罚，查封、扣押，限产、停产，移送行政拘留，涉嫌环境污染犯罪移送公安机关）总数32227件，比2016年同期增长126％。其中，按日连续处罚案件936件，比2016年同期增长58％。罚款金额达101881.3304万元，比2016年同期增长48％；查封、扣押案件14692件，比2016年同期增长144％；限产、停产案件7193件，比2016年同期增长112％；移送行政拘留7093起，比2016年同期增长161％；移送涉嫌环境污染犯罪案件2313件，比2016年同期增长 54％。

2017 年 10 月，全国适用环境保护法配套办法的案件总数为 3151 件，比 2016 年 10 月增长 23％。其中，按日连续处罚案件 115 件，比 2016 年 10 月增长 72％；查封、扣押案件 1499 件，比 2016 年 10 月增长 65％；限产、停产案件 707 件，比 2016 年 10 月减少 31％；移送行政拘留 629 起，比 2016 年 10 月增长 51％；移送涉嫌环境污染犯罪案件 201 件，比 2016 年 10 月增长 39％。

（据 2017 年 12 月 6 日人民网，局部有改动）

关键词

环境、环境问题、环境法、环境法的特征、环境法体系。

小 结

本章介绍了我国环境法所涉及的基本概念，讲解了与其他法律相比，环境法所要完成的任务和其所具有的固有特征，详细介绍了环境法的法律体系。

思考题

1. 如何理解我国环境法中环境的概念？
2. 以某一特定区域（城市、流域、乡村）为例，调研其存在的主要环境问题有哪些？
3. 试论如何完善我国环境法体系。

第二章  环境法的基本原则

▶▶ **本章导读**

掌握环境法的基本原则，熟悉环境法各项基本原则的内涵，了解环境法各项基本原则的形成和发展。

环境法的基本原则，是环境法中规定或者体现的，涉及环境保护法制建设全局的、具有指导意义的根本准则。由此可知：

1. 环境法的基本原则是由环境法所确认的

例如，《中华人民共和国环境保护法》第五条规定："环境保护坚持保护优先、预防为主、综合治理、公众参与、损害担责的原则。"

2. 环境法的基本原则具有普遍意义和指导作用

它为制定具体的环境保护法律规范以及处理具体的环境问题提供了基本依据，适用于环境法的一切领域，包括立法、执法、司法和守法等环境保护活动，都必须遵循的基本准则。我国环境法的基本原则包括环境保护优先原则；预防为主、综合治理原则；公众参与原则；损害担责原则。这些基本原则不是彼此孤立、互不相关，而是相互联系、相互制约的。

第一节
环境保护优先原则

环境问题多半是伴随着经济社会的发展而产生的，与经济活动、社会问题，尤其是人口问题和科学技术的发展有着密切的关系。因为，许多环境问题都是在人口急剧增长的压力下产生的，为了维持基本的生产条件和生活条件，人们对自然资源的需求也必将增加，当人们对自然资源的需求超过环境资源的承载能力时，就会导致自然生态环境恶化和影响生态系统的良性循环。因此，必须正确认识和处理经济社会发展和环境保护的关系。

关于经济社会发展与环境保护的关系问题，国际上曾出现过两种截然不同的观点：一种是主张先发展经济，后治理污染。这种观点实际上只重视经济发展，而不顾环境保护，以牺牲环境为代价谋求经济发展。另一种是停止发展论。主张这种观点的人提出所谓的"零增长论"，其著名代表作是罗马俱乐部于 1972 年发表的研究报告《增长的极限》。这种观点受到

很多国家，尤其是发展中国家的反对。该报告指出："地球的自然系统能支撑环境污染这种巨大的侵入吗？我们没有概念。……我们不知道，地球吸收一种污染的能力的确切上限，更不必说地球吸收各种污染相结合的能力了。可是，我们确实知道存在一个上限。"❶ 最终人类悟出了尊重自然、与自然和谐相处的真谛，并提出了"环境保护"这一科学概念。

保护环境是我国的基本国策，坚持环境保护优先原则是落实这一国策的必然选择；确定环境保护优先，是国家与社会在生态资源、环境压力倒逼背景下处理资源环境与社会关系路径选择的重大变化，也是法律制度的重大进步。《中华人民共和国环境保护法》第五条规定："环境保护坚持保护优先、预防为主、综合治理、公众参与、损害担责的原则。"明确将原来的环境保护与经济建设协调发展原则改成了保护优先原则。

所谓环境保护优先原则有狭义、广义之分。狭义的环境保护优先原则，是指在环境保护管理活动中应当把环境保护放在优先的位置加以考虑。广义的环境保护优先原则，是指在平衡经济社会建设与生态环境等利益保护竞合的关系时，要把生态环境放在优先位置予以考虑和对待。这并不意味着环境利益的绝对化，即并不意味着当发生冲突时对环境利益的一味保护、对经济利益的一味舍弃，而是指在经济发展中必须考虑对环境的影响，并不是把对环境的影响放在一个不考虑或后考虑的位置。当经济发展的确对环境有影响时，即经济利益和环境利益发生冲突时，应对两者加以衡量。若环境利益大于经济利益或与之相当时，应保护环境利益；当经济利益远大于环境利益时，应保护经济利益，但同时要采取措施和政策使其对环境的影响降到最低。

一、环境保护优先原则的形成和发展

1972 年，联合国人类环境会议通过的《人类环境宣言》指出："为这一代和将来的世世代代保护和改善人类环境，已成为人类一个紧迫的目标，这个目标将同争取和平和全世界的经济与社会发展这两个既定的基本目标共同和协调地实现。"由此可见，《人类环境宣言》已经提出"可持续发展"的基本思想。1987 年的研究报告《我们共同的未来》中，提出了"可持续发展"的概念。这时，国际社会关注的热点已由单纯注重环境问题逐步转移到注重环境与发展二者的相互关系上。1992 年，联合国环境与发展大会通过了《里约环境与发展宣言》和《21 世纪议程》两个纲领性文件。前者是关于环境、经济和社会可持续发展的宣言，提出了实现可持续发展的二十七条基本原则；后者则是全球、区域和各国范围内实现可持续发展的行动纲领。这次大会表明，人类对环境与发展的认识提高到了一个崭新的阶段。

我国政府高度重视联合国环境与发展大会，会后不久制定的《中国环境与发展十大对策》中明确提出："转变发展战略，走可持续发展道路，是加强我国经济发展，解决环境问题的正确选择。"我国政府根据中国国情组织编制的《中国 21 世纪议程——中国 21 世纪人

---

❶ ［美］丹尼斯·米都斯等：《增长的极限：罗马俱乐部关于人类困境的报告》，李宝恒译，吉林人民出版社，1997，第 55 页。

口、环境与发展白皮书》全面阐明了中国的可持续发展战略和对策。同时，也充分反映了中国政府为全人类共同事业作出更大贡献的决心。我国在 1973 年就肯定了经济与环境要协调发展，即国务院在批转国家计划委员会《关于全国环境保护会议情况的报告》的批文中就强调指出："经济发展与环境保护，同时并进，协调发展。"1983 年 12 月召开的第二次全国环境保护会议，制定了环境保护与经济建设统筹兼顾、同步发展的方针。其具体内容是："经济建设、城乡建设和环境建设要同步规划、同步实施、同步发展，做到经济效益、社会效益、环境效益的统一。"1984 年，国务院颁布的《关于环境保护的规定》明确指出，"保障环境保护和经济建设协调发展"。1989 年颁布的《中华人民共和国环境保护法》第四条规定："国家制定的环境保护规划必须纳入国民经济和社会发展计划，国家采取有利于环境保护的经济、技术政策和措施，使环境保护工作同经济建设和社会发展相协调。"2015 年实施的《中华人民共和国环境保护法》第四条规定："国家采取有利于节约和循环利用资源、保护和改善环境、促进人与自然和谐的经济、技术政策和措施，使经济社会发展与环境保护相协调。"第五条规定："环境保护坚持保护优先、预防为主、综合治理、公众参与、损害担责的原则。"可见，不论是在政策还是法律中，都对这一原则进行了确定。

二、环境保护优先原则的贯彻

（一）建立环境与发展的综合决策机制

各级决策部门在进行经济和社会发展重大决策过程中，必须对环境保护与经济和社会发展加以全面考虑、统筹兼顾、综合平衡、科学决策。在制定区域和资源开发、城市发展和行业发展规划，调整产业结构和生产力布局等经济建设和社会发展重大决策时，不仅要根据经济和社会发展的需要，同时还要考虑环境和资源的承载能力。要正确处理经济增长速度和综合效益的统一、生产力布局与资源优化配置、产业结构调整与解决结构性污染、资源开发利用与保护生态环境等问题，从源头控制可能对环境的污染和破坏。这是在社会主义市场经济体制下建立的新型决策模式，是实现可持续发展的重要手段。

（二）把环境保护切实纳入国民经济与社会发展规划

《中华人民共和国环境保护法》第十三条规定："县级以上人民政府应当将环境保护工作纳入国民经济和社会发展规划。国务院环境保护主管部门会同有关部门，根据国民经济和社会发展规划编制国家环境保护规划，报国务院批准并公布实施。县级以上地方人民政府环境保护主管部门会同有关部门，根据国家环境保护规划的要求，编制本行政区域的环境保护规划，报同级人民政府批准并公布实施。环境保护规划的内容应当包括生态保护和污染防治的目标、任务、保障措施等，并与主体功能区规划、土地利用总体规划和城乡规划等相衔接。"这是环境保护规划纳入国民经济和社会发展规划的法律依据。

为了保证环境保护作为国民经济和社会发展规划的重要组成部分并参与综合平衡，发挥计划的指导和宏观调控作用，国家计划委员会和国家环境保护局于 1994 年发布《环境保护计划管理办法》，从而使编制环境保护规划的工作有法可依，有章可循。

（三）采取有利于环境保护的经济、技术政策和措施

环境保护的经济、技术政策和措施，是解决一定历史发展阶段的环境问题，落实环境保护战略方针，实现预期的环境保护目标，保障环境保护与经济、社会协调发展的有力手段。

我国制定的环境保护的经济政策，主要包括奖励综合利用政策、经济优惠政策、征收环境资源补偿费政策，等等。国务院于 1985 年制定的《环境保护技术政策要点》，对区域开发建设中的环境保护技术政策，工业、交通企业的环境保护技术政策，城市建设中的环境保护技术政策，以及保护乡镇环境、农业环境和自然环境的技术政策作了规定。另外，国务院原环境保护委员会先后发布了《关于防治煤烟型污染技术政策的规定》和《关于防治水污染技术政策的规定》，分别对有关的技术政策和措施作了具体规定。2013 年，国务院发布的《国务院关于加快发展节能环保产业的意见》要求，通过加大财政投入，拓展融资渠道，完善价格、收费和土地政策支持节能环保产业发展。《中华人民共和国环境保护法》第二十一条规定："国家采取财政、税收、价格、政府采购等方面的政策和措施，鼓励和支持环境保护技术装备、资源综合利用和环境服务等环境保护产业的发展。"第二十二条规定："企业事业单位和其他生产经营者，在污染物排放符合法定要求的基础上，进一步减少污染物排放的，人民政府应当依法采取财政、税收、价格、政府采购等方面的政策和措施予以鼓励和支持。"第三十一条规定："国家建立、健全生态保护补偿制度。国家加大对生态保护地区的财政转移支付力度。有关地方人民政府应当落实生态保护补偿资金，确保其用于生态保护补偿。国家指导受益地区和生态保护地区人民政府通过协商或者按照市场规则进行生态保护补偿。"第五十二条规定："国家鼓励投保环境污染责任保险。"第五十四条规定："国务院环境保护主管部门统一发布国家环境质量、重点污染源监测信息及其他重大环境信息。省级以上人民政府环境保护主管部门定期发布环境状况公报。县级以上人民政府环境保护主管部门和其他负有环境保护监督管理职责的部门，应当依法公开环境质量、环境监测、突发环境事件以及环境行政许可、行政处罚、排污费的征收和使用情况等信息。县级以上地方人民政府环境保护主管部门和其他负有环境保护监督管理职责的部门，应当将企业事业单位和其他生产经营者的环境违法信息记入社会诚信档案，及时向社会公布违法者名单。"

第二节
预防为主、综合治理原则

预防为主、综合治理原则，是指在环境保护工作中将保护置于优先位置，采取各种预防措施，防止环境问题的产生和恶化，或者把环境污染和生态破坏控制在能够维持生态平衡、保障人体健康和社会物质财富，以及保障经济社会持续发展的限度之内，并对已造成的环境污染和生态破坏积极进行治理。这项原则明确了保护和发展的关系、预防和治理的关系，确定了治理环境污染和修复生态破坏的有效途径和方式。它要求在经济建设活动中把环境保护

放在优先位置，从根本上改变重经济增长、轻环境保护，以经济指标论英雄的倾向，彻底扭转一些地区边建设边破坏的被动局面。这项原则，是根据环境问题的复杂性、不可逆性和严重性，以及总结国内外防治环境污染和生态破坏的经验教训确立的。从国外的情况来看，西方工业国家在经济发展进程中，大体上都是走"先污染，后治理""先破坏，后修复""先开发，后保护"的道路，并为此付出了沉痛的代价。因此，它们认识到必须从"病重求医，末端治理"的反映性单项治理政策转变为"预防为主，综合治理"的预期性政策，从"浓度控制"转变为"总量控制"，从"末端治理"转变为"源头控制，全过程控制"。从国内的情况来看，主要是由环境问题本身的特点决定的：

（1）环境污染和生态破坏是不可逆转的，往往难以消除和恢复，有些甚至是无法补救的，如重金属污染、物种灭绝、原始森林遭受破坏等；

（2）环境问题的产生主要是在经济社会发展中忽视环境保护的结果，如果在经济建设的前期和过程中重视环境保护，采取预防措施，许多环境问题是可以得到解决的，即使出现一些问题，也可以控制在一定的限度之内；

（3）环境遭受污染、破坏后再去治理，一般要比采取预防措施所花费的代价高；

（4）环境污染和生态破坏所造成的后果往往比较严重，会对人民群众健康和社会稳定造成严重威胁。

据此，《中华人民共和国环境保护法》确立了"保护优先、预防为主、综合治理"的原则。

保护优先，是生态文明建设规律的内在要求，就是从源头上加强生态环境保护和合理利用资源，防止生态破坏。在发展和保护发生矛盾时，要把保护放在优先位置，以环境资源的承载能力为基础，加强环境监督管理，规范各类资源开发和经济社会活动，防止造成新的人为环境污染和生态破坏。我国的环境保护工作由 20 世纪 70 年代的末端治理到 80 年代的防治结合，再到 90 年代的全过程控制，进而到现代的保护优先，是环境保护理念的一次又一次升华。

预防为主，就是要把预防环境问题的发生放在首位，而不是在环境污染和生态破坏之后再去治理。要事前采取有效措施，避免、消除对环境带来的损害，做到防患于未然。

综合治理，就是要从环境的整体效益出发，运用系统论的方法来处理环境问题。由于造成环境问题的原因是多方面的，且周期较长，采取单打独斗的传统方式是不可取的，应当运用各项技术、经济政策和措施，加强环境保护，发挥治理的综合效益。综合治理原则包括四层含义：

一是水、气、声、渣等环境要素的治理要统筹考虑，如治理土壤污染，要同时考虑地下水、地表水、大气的环境保护；

二是综合运用政治、经济、技术等多种手段治理环境；

三是形成环境保护部门统一监督管理，各部门分工负责，企业承担社会责任，公民提升环境保护意识，社会积极参与的齐抓共管的环境治理格局；

四是加强跨行政区域的环境污染和生态破坏的防治，由点上的管理扩展到面上的联防联治。

目前，我国环境状况总体恶化的趋势还未得到根本遏制，环境矛盾凸显，环境治理的压力继续加大。一些重点流域、海域水污染严重，部分区域和城市大气灰霾现象突出，许多地区主要污染物排放量超过环境容量，农村环境污染加剧，部分地区生态破坏严重，生态系统功能退化，生态环境比较脆弱，这些已成为威胁人体健康、公共安全和社会稳定的重要因素之一。传统的环境保护是对环境污染和生态破坏造成的后果予以事后补救，对环境问题的事前规范功能有限。确立和实施该原则，坚持科学发展观，加快转变经济发展方式，以环境资源承载能力为基础，在保护中发展，在发展中保护，坚持从源头预防，把环境保护贯穿于规划、建设、生产、流通和消费各个环节，进而提高可持续发展能力，加强生态保护与修复，做到人与自然和谐共存。

一、预防为主、综合治理原则的形成和发展

在 20 世纪 60 年代末之前，人类还没有真正认识到环境在自身生存和发展中的价值。虽然有些国家也制定了一些防治污染的法律，如美国于 1948 年制定《联邦水污染防治法》，1955 年制定《大气污染控制援助法》，以及联邦德国在这个时期颁布《联邦水利法》和《空气污染控制法》等，也都只是采取"头痛医头，脚痛医脚"的方法，仅仅针对某一环境要素作出保护规定，而没有将环境作为一个整体来对待。20 世纪 60 年代末以后，随着环境问题的日益加剧，各国才逐渐认识到各种环境要素是相互联系的一个整体，孤立地防治某一种环境要素的污染并不能彻底解决问题。于是，一些经济发达国家根据对环境保护问题经验和教训的总结，提出了"与其在环境问题出现后治理，不如在未出现前就预防"的观点，认为环境侵害往往是长期环境污染和生态破坏的结果，其危害结果常常要经过相当长的复杂变化过程才能显现出来，一旦形成危害就很难治理和恢复，且治理所耗费的时间和金钱代价亦相当高，而预先采取防范措施要比事后治理经济得多，也有效得多。鉴于此，各国环境立法逐渐从消极的防治污染转移到积极的预防，采取预防为主和综合治理的环境政策，并将预防为主、防治结合、综合治理原则作为环境立法的重要原则加以确立。另外，环境问题的特点也决定了环境保护应当实行预防为主的原则。1980 年发表的《世界自然资源保护大纲》提出了一系列预期性的环境政策，并指出"这些政策要在环境受损害之前便付诸行动""我们的行动策略应是把治理与预防明智地结合起来"。1982 年的《内罗毕宣言》指出："与其花很多钱、费很多力气在环境破坏之后亡羊补牢，不如预防其破坏""只有采取一种综合的并在区域内做到统一的办法""才能实现环境无害和持续的社会经济发展"。1992 年的《里约环境与发展宣言》指出："为了保护环境，各国应按照本国的能力，广泛适用预防措施。"《中华人民共和国环境保护法》第五条明确规定了保护优先、预防为主、综合治理原则。

二、预防为主、综合治理原则的贯彻

（一）全面规划与合理布局

全面规划，主要是指制定经济和社会发展规划、国土规划、区域规划、流域规划等，应

当对工业、农业、城市、乡村、生产、生活、生态等方面进行科学预测、统筹兼顾、综合规划，既要考虑经济效益、社会效益，又要考虑环境效益，以便获得最佳的综合效益。

合理布局，既包括对整个国家生产力的合理分布与组合，也包括对某一特定区域的功能区、企业、事业单位和交通线路的合理配置。生产力布局通常是指工业布局、农业布局、交通运输布局、能源布局等。生产力的合理布局，一般应考虑以下几个方面：

（1）因地制宜，充分发挥各地区的优势，能够有效地利用各种资源；

（2）有利于环境保护和维持生态平衡；

（3）有利于做到经济效益、社会效益和环境效益的统一。

（二）制定和完善预防性环境管理制度

预防性环境管理律制度，包括环境保护许可制度、环境影响评价制度、"三同时"制度、清洁生产制度和限期淘汰制度。它们是防止产生新的环境污染和生态破坏的重要保障。

环境保护许可制度要求在从事可能污染或破坏环境的活动之前，必须向有关部门申请并征得其同意，否则便不能将相关的产品投入市场或进行该相关的活动。通过环境保护许可制度来预防环境危害的发生，通常表现为制定各种"黑名单"，许多事先被认定为是污染或破坏环境的行为、产品的生产或使用会遭到限制或者禁止，从而从源头上控制环境危害的发生。

环境影响评价制度要求在进行规划和实施建设项目之前，在可行性研究阶段考虑其对环境的影响，为在决策上选择对环境影响最小的方案提供依据，如果其对环境的影响超过了法律的规定，则会被禁止或者要求采取相应的预防措施。

"三同时"制度要求环境保护设施与主体工程同时设计、同时施工和同时投产使用，保证不因为缺乏环境保护设施或者建成后不使用而产生污染，从而达到防止产生新的环境污染和生态破坏的目的。

清洁生产制度要求不断改进设计，使用清洁的能源和原料，采用先进的工艺技术和设备，改善管理、综合利用等措施，从源头上削减污染，提高资源利用效率，减少和避免生产、服务和产品使用过程中污染物的产生和排放，以减轻或消除对人类健康和环境的危害。

限期淘汰制度通过禁止或限制浪费资源和严重污染环境的落后生产工艺和设备的使用，以达到少产生或不产生环境污染的目的。

（三）积极治理已有的环境污染与生态破坏

预防既不能消除和减少已经产生的环境问题，也不能在没有任何经验的条件下防止所有环境问题的产生，所以对于由于条件限制而无法认识、预测和防止的环境问题，只能进行治理。因此，治理也是不可或缺的一部分。只有根据具体情况统筹安排，运用各种手段和措施，对环境进行综合整治，才能达到保护和改善环境的目的。

积极治理已有的环境污染和生态破坏，一般有如下要求：

（1）尽可能将资源节约和环境保护的重要指标列入考核各级人民政府及主要负责人政绩

的重要内容，促使其在政府决策的研究，积极协调好经济社会发展和资源环境保护的关系，坚决杜绝在环境污染治理方面的地方保护主义行为；

（2）尽快完善环境保护方面的法律法规，特别是要在立法方面加大行政处罚力度和刑事处罚力度，形成法律威慑力，提高污染企业的违法成本；

（3）尽快提高污染治理的科学技术水平，建立一套科学、完备的监测体系，以全面准确地反映污染物排放情况；

（4）通过广播、电视、报纸等媒体，加大对环境保护的宣传力度，尽快提高广大人民群众的环境保护意识，尤其是要增强地方领导和企业负责人的环境保护法制观念，增强他们治理环境污染的自觉性。

第三节
损害担责原则

损害担责原则，是指污染环境、破坏生态造成环境损害，损害者应当为其造成的环境损害依法承担责任。所谓损害，是指有污染环境和破坏生态的行为。有损害，行为人就要承担责任，而非有了损害结果才承担责任。

确定损害担责原则，促使企业、事业单位和其他生产经营者加强环境管理，防止环境污染和生态破坏。当前，我国的环境形势相当严峻，而管理不善是主要原因之一。这项原则，明确了企业、事业单位和其他生产经营者治理环境污染和生态破坏的责任，有利于提高其防止环境污染和生态破坏的责任感，促使其增强环境管理的自觉性，实现经济增长方式由粗放型向集约型的转变。确定损害担责原则，有利于企业、事业单位和其他生产经营者合理地利用自然资源。实行这项原则，有利于增强企业、事业单位和其他生产经营者治理环境污染和生态破坏，合理利用资源的责任感，促使其把治理污染和发展生产结合起来，正确对待资源开发与环境保护的关系，自觉执行开发利用与保护增殖并举的方针，为资源的永续利用和国民经济的持续、健康发展创造条件。实行该原则，有利于拓宽资金渠道，为治理环境污染和恢复生态破坏积累资金，从而减轻国家的财政负担。

一、损害担责原则的形成和发展

在过去相当长的一段时间内，环境被认为是无主物，造成环境污染和生态破坏的组织和个人，只要对其他人的人身和财产没有造成直接的侵害就是合法的，不必承担任何环境责任。同时，各国政府一般都将环境保护视为公益事业而实行财政援助政策。随着环境污染的日益加剧，对环境保护的投资越来越多，这等于是将本应由污染者承担的经济责任转嫁于全体纳税人，这一方面使政府不堪重负，另一方面形成一种越治理污染越严重、治不胜治的恶性循环。

为了解决这一问题，人们在物权理论的基础上提出了排除妨碍、恢复原状的责任形式，在公共资源理论的影响下，由24个国家组成的经济合作与发展组织环境委员会于1972年首次提出"污染者负担原则"（polluter pays principle），或称"污染者赔偿原则"。由于该原则有利于实现社会公平和防治环境污染，所以很快被一些国家确定为环境保护的一项基本原则。1992 年，联合国环境与发展大会通过《关于环境与发展的里约宣言》的原则十三中规定："各国应制定关于污染和其他环境损害的责任和赔偿受害者的国家法律"。原则十六中规定："考虑到污染者原则上应承担污染费用的观点，国家当局应该努力促使内部负担环境费用。"这是对污染者负担原则的国际认可，受其影响，各国纷纷将污染者负担原则作为环境立法的一项基本原则加以确认。

环境责任原则是环境保护决策部门对环境造成污染和其他公害的单位或个人的一种责任规定。该原则最初规定在 1979 年《中华人民共和国环境保护法（试行）》中，表述为"谁污染谁治理原则"，虽然 1989 年《中华人民共和国环境保护法》和其他污染防治法没有直接对该原则进行规定，但有不少规定还是体现了环境责任原则的精神，如《中华人民共和国环境保护法》第二十八条规定："排放污染物超过国家或者地方规定的污染物排放标准的企业事业单位，依照国家规定缴纳超标准排污费，并负责治理。"1996 年，国务院《关于环境保护若干问题的决定》提出"污染者付费、利用者补偿、开发者保护、破坏者恢复"的原则。由此，环境责任原则在我国经历了一个从发展到完善的过程，使得这一原则不仅适用于环境的污染，也适用于自然资源的利用。《中华人民共和国环境保护法》对损害者的责任作出了具体规定：企业事业单位和其他生产经营者对所造成的损害依法承担责任；排放污染物的企业事业单位和其他生产经营者，应当按照国家有关规定缴纳排污费；排放污染物的企业事业单位，应当建立环境保护责任制度；重点排污单位有主动公开信息的责任；因污染环境和破坏生态造成损害的，应当依照《中华人民共和国侵权责任法》的有关规定承担侵权责任。

二、损害担责原则的贯彻

（一）加强立法，健全环境责任制度的内容

通过法律对自然资源的开发者规定各种强制性的整治与养护的责任，有效落实环境责任原则。如《中华人民共和国环境保护法》第四十二条规定："排放污染物的企业事业单位和其他生产经营者，应当采取措施，防治在生产建设或者其他活动中产生的废气、废水、废渣、医疗废物、粉尘、恶臭气体、放射性物质以及噪声、振动、光辐射、电磁辐射等对环境的污染和危害。排放污染物的企业事业单位，应当建立环境保护责任制度，明确单位负责人和相关人员的责任。重点排污单位应当按照国家有关规定和监测规范安装使用监测设备，保证监测设备正常运行，保存原始监测记录。严禁通过暗管、渗井、渗坑、灌注或者篡改、伪造监测数据，或者不正常运行防治污染设施等逃避监管的方式违法排放污染物。"第四十三条规定："排放污染物的企业事业单位和其他生产经营者，应当按照国家有关规定缴纳排污费。排污费应当全部专项用于环境污染防治，任何单位和个人不得截留、挤占或者挪作他用。依照法律规定征收环境保护税的，不再征收排污费。"通过制定和实施具有预防性的环境资源管理制度，加强各项环境管理制度的改革、创新，以强化环境资源的监督管理。例如，推广清洁生产制度，广泛运用环境经济评估以改善环境质量，促进为降低风险提供备选

政策方案的科学研究。再如，企业环境监督员制度，通过企业内部建立健全环境监督管理机制来促进企业自觉加强污染控制和应对环境风险。

（二）运用经济手段，促使损害者治理环境污染和修复生态破坏

运用经济手段保护环境是行之有效的措施。这些措施主要有征收排污费；征收资源费和资源税；征收生态补偿费。通过这些措施可以促使损害者增强环境保护意识和法制观念，加强防治环境污染和修复生态破坏的责任，提高其治理环境污染和修复生态破坏的能力。

（三）实施环境和奖励政策

《中华人民共和国环境保护法》第二十二条规定："企业事业单位和其他生产经营者，在污染物排放符合法定要求的基础上，进一步减少污染物排放的，人民政府应当依法采取财政、税收、价格、政府采购等方面的政策和措施予以鼓励和支持。"

第四节
公众参与原则

公众参与原则，是指环境保护和自然资源开发利用必须依靠社会公众的广泛参与，公众有权参与解决环境问题的决策过程，参与环境管理，并对环境管理部门以及单位、个人与环境有关的行为进行监督。其目的在于制约和保障政府依法、公正、合理地行使行政权力。

一、公众参与原则的形成和发展

1972年斯德哥尔摩人类环境会议召开。从此之后，各国纷纷致力于环境保护的浪潮之中，并鼓励公众参与环境保护。《人类环境宣言》宣称："人类有权在一种能够过着尊严和福利生活的环境中，享有自由、平等和充足的生活条件的基本权利，并负有保护和改善这一代和将来的世世代代的环境的庄严责任。"《中国21世纪议程——中国21世纪人口、环境与发展白皮书》共用11章的篇幅论述了公众参与的内容，并提出公众的广泛参与和社会团体的真正介入是实现可持续发展的重要条件之一。

我国公众参与原则也是随着国际社会环境保护的浪潮建立起来的，《中华人民共和国宪法》第二条第三款规定："人民依照法律规定，通过各种途径和形式，管理国家事务，管理经济和文化事业，管理社会事务。"这是我国实行公众参与环境事务的宪法依据。《中华人民共和国环境保护法》第六条规定："一切单位和个人都有保护环境的义务。"

二、公众参与原则的主要内容

（一）公众的环境权利

公众的环境权利具体包括环境信息知情权、环境保护参与权和环境保护监督权。

环境信息知情权，即公众有依法获得相关环境信息的权利。其是公众参与原则的基础性权利。例如，《中华人民共和国放射性污染防治法》第五条第二款规定："县级以上人民政府应当组织开展有针对性的放射性污染防治宣传教育，使公众了解放射性污染防治的有关情况和科学知识。"2008年5月1日起施行的《环境信息公开办法（试行）》是我国真正意义上第一部完整的有关环境信息公开的部门规章，也是我国环境信息公开法律制度的一个标志。其对政府环境信息的公开作了强制性规定，要求环境保护部门应当依照公开的方式和程序主动公开政府环境信息，鼓励企业自愿公开环境信息。

环境保护参与权，即公众有权按照一定的程序和途径参与环境立法、环境决策、环境执法、环境司法等与其环境权益相关的活动。例如，依法编制环境影响报告书的建设项目，在编制环境影响报告书草案时，应当向可能受到影响的公众说明情况，充分征求其意见等。

环境保护监督权，即公众对污染和破坏环境的行为有监督、检举和控告的权利。《中华人民共和国环境保护法》第六条规定："一切单位和个人都有保护环境的义务。"《中华人民共和国固体废物污染环境防治法》第九条规定："任何单位和个人都有保护环境的义务，并有权对造成固体废物污染环境的单位和个人进行检举和控告。"另外，《中华人民共和国水污染防治法》《中华人民共和国环境噪声污染防治法》等单行法中都有类似的规定。

（二）公众参与的形式

公众参与建设项目环境影响评价是公众参与原则的具体化和重要体现。《中华人民共和国环境影响评价法》规定了公众参与的形式，包括举行论证会、听证会或采取其他形式，征求有关单位、专家和公众的意见。《规划环境影响评价条例》规定，规划编制机关对可能造成不良环境影响并直接涉及公众环境权益的专项规划，应当在规划草案报送审批前，采取调查问卷、座谈会、论证会、听证会等形式，公开征求有关单位、专家和公众对环境影响报告书的意见。

三、公众参与原则的贯彻

我国环境法对公众参与原则的规定比较全面，但由于规定大体比较抽象，缺乏具体的操作性规定，执行过程中很难到位，同时还缺乏系统的立法，导致在具体实践过程中公众的参与程度较低。为加强我国环境保护工作中的公众参与程度，充分贯彻公众参与原则，更好地促进我国环境保护事业的发展，有必要通过以下几个方面的完善来贯彻公众参与原则。

（一）加强环境保护宣传教育，提高公众的认识水平和参与意识

环境保护关系到各行各业和每个公民的切身利益，是全民族的事业，环境保护宣传教育则是实现国家环境保护意志的一种重要方式。因此，应当加大环境保护基本国策和环境保护法制宣传力度，提高公众意识和法制观念，增强公众的环境保护责任心和参与意识。同时，还应注重环境保护伦理道德的宣传教育，倡导"绿色消费"和"生态消费"观念。新闻媒体要大力宣传科学发展观对环境保护的内在要求，把环境公益宣传作为重要任务，及时报道党

和国家环境保护政策措施，宣传环境保护工作中的新进展、新经验，努力营造节约资源和保护环境的舆论氛围。

（二）完善环境信息公开制度，扩大公民的环境知情权

环境信息公开是环境知情权的重要内容，而知情权是公众参与环境保护的重要前提。公众只有在了解环境信息的基础上，才能实际有效地参与环境保护工作。《中华人民共和国环境保护法》第五十四条规定："国务院环境保护主管部门统一发布国家环境质量、重点污染源监测信息及其他重大环境信息。省级以上人民政府环境保护主管部门定期发布环境状况公报。县级以上人民政府环境保护主管部门和其他负有环境保护监督管理职责的部门，应当依法公开环境质量、环境监测、突发环境事件以及环境行政许可、行政处罚、排污费的征收和使用情况等信息。县级以上地方人民政府环境保护主管部门和其他负有环境保护监督管理职责的部门，应当将企业事业单位和其他生产经营者的环境违法信息记入社会诚信档案，及时向社会公布违法者名单。"

（三）依法实施环境公益诉讼制度

环境公益诉讼，是指依据法律规定的社会组织，为了维护环境公共利益，对污染环境、破坏生态，损害社会公共利益的行为，向人民法院提起诉讼，由人民法院依法处理违法行为的司法活动。建立环境公益诉讼制度，可以有效地保障公众的环境权利，是实现公众环境违法监督权的有效措施，如果法律确认公众对环境事务有参与监督权，而未给予必要的司法救济，则无法保障环境权利的真正实现。《中华人民共和国环境保护法》明确规定了环境公益诉讼。

（四）发展民间环保组织，加强社会监督

环境保护事务的主体，可以分为公民、法人和环保组织几种形式。基于公民个人能力和学识的局限性，必须依靠一定的组织形式才能更好地发挥公众参与的功能，对政府和污染环境、破坏生态者施加压力，加强监督。环保组织可以是官方的、半官方的或者非官方的，其中非官方的民间环保组织具有广泛的群众基础，能够起到其他环保组织所不可能起到的作用。例如，"可可西里""地球之友""自然之友"等民间环保组织曾发起的保护藏羚羊、保护母亲河及圆明园防渗工程环评，在社会上引起了广泛关注，为公众参与环境保护起到了榜样作用。

阅读材料

中国生物多样性保护与绿色发展基金会诉宁夏某公司等
腾格里沙漠污染系列民事公益诉讼案
2015年8月，中国生物多样性保护与绿色发展基金会（简称绿发会）向中卫市中级人

民法院提起诉讼，称：某公司等八家企业在生产过程中违规将超标废水直接排入蒸发池，造成腾格里沙漠严重污染，要求被告停止非法污染环境行为；对造成环境污染的危险予以消除；恢复或修复生态环境；赔偿环境修复前生态功能损失；在全国性媒体上公开赔礼道歉等。中卫市中级人民法院一审认为，绿发会不能被认定为《中华人民共和国环境保护法》中规定的"专门从事环境保护公益活动"的社会组织，故对绿发会的起诉不予受理。绿发会不服，向宁夏回族自治区高级人民法院提起上诉。宁夏回族自治区高级人民法院审查后裁定驳回上诉，维持原裁定。绿发会不服二审裁定，遂向最高人民法院申请再审。最高人民法院依法提审并审理后认为，社会组织提起的公益诉讼涉及的环境公共利益，应与社会组织的宗旨和业务范围具有一定的关联性。即使社会组织起诉事项与其宗旨和业务范围不具有对应关系，但若与其所保护的环境要素或者生态系统具有一定的联系，亦应基于关联性标准确认其主体资格。此外，绿发会提交的其他证明材料能够证明其符合《中华人民共和国环境保护法》第五十五条有关环境公益诉讼的规定，以及司法解释中对提起环境公益诉讼社会组织的其他要求，具备提起环境民事公益诉讼的主体资格。最高人民法院再审裁定撤销一审、二审裁定，指令本案由中卫市中级人民法院立案受理。

该系列案件是最高人民法院首次通过具体案例从司法层面就环境民事公益诉讼主体资格问题明确判断标准，推动了环境公益诉讼制度的发展，已作为最高人民法院指导性案例发布，对于环境民事公益诉讼案件的审理具有重要的指引和示范作用。

（引自 2017 年 3 月最高人民法院发布的十起环境公益诉讼典型案例，有改动）

关键词 👆

保护优先原则，预防为主、综合治理原则，损害担责原则，环境信息知情权，环境保护参与权，环境保护监督权，公众参与原则。

小 结 📚🖱

本章介绍了我国环境法的基本原则，对保护优先、预防为主、综合治理原则及公众参与原则进行了详细的阐述。

思考题

1. 什么是环境法的基本原则？我国环境法的基本原则有哪些？
2. 为什么确定环境保护优先原则？
3. 什么是预防为主、综合治理原则？它有何意义？
4. 公众参与原则有何意义？如何在实践中贯彻落实公众参与原则？

第三章 环境法的基本制度

▶▶ 本章导读

了解中国现行环境法的基本制度概念，熟悉环境影响评价制度、环境保护税制度、现场检查制度、环境公益诉讼制度、排污许可制度、突发环境事件应急预案制度、环境信息公开制度。

在法理学中，法律制度是法律规范的有机组合，一系列解决某一类共性问题的法律规范构成了某一法律制度。法律制度与法律原则是具体与抽象的关系，法律原则用来指导制定各项法律制度，法律制度又反过来反映和体现各项法律原则。

环境法的基本制度，是指为实现环境法的目的和任务，依据环境法的基本原则制定的，调整某一类或者某一方面环境社会关系的法律规范的总称。它是环境法的重要组成部分，与环境法的基本原则、具体制度和一般规范不同。它具有以下几个基本特征。

1. 具体性

它是环境法基本原则的具体化，是贯彻实施环境法的制度保障，同时，也是环境法律关系的主体必须遵循的行为规则。它在调整特定环境保护社会关系中，一般都作了明确和具体的规定，具有可操作性。

2. 系统性

它是由一系列调整特定环境保护社会关系的法律规范组成的。这些法律规范之间相互联系、相互制约、密切配合，共同构成一个相对完整的有机整体。

3. 特定性

它不像环境法基本原则那样具有广泛的适用性，即普遍适用于整个环境法领域，而是只适用于调整某一类或者某一方面的环境保护社会关系。

我国环境法的基本制度有环境影响评价制度、"三同时"制度、排污许可制度、环境保护税制度、现场检查制度、突发环境事件应急预案制度、环境信息公开制度、环境公益诉讼制度，等等。

第一节
环境影响评价制度

一、环境影响评价制度的概念

环境影响评价，是指对规划和建设项目实施后可能造成的环境影响进行分析、预测和评估，提出预防或者减轻不良环境影响的对策和措施，进行跟踪监测的方法与制度。环境影响评价制度，是指有关环境影响评价的适用范围、评价内容、审批程序、法律后果等一系列规定的总称。它是贯彻预防为主原则，从源头防止新的环境污染和生态破坏的一项重要的法律制度。它是促进环境保护与经济社会协调发展的有效途径，可以预防因规划和建设项目实施后对环境造成的不良影响。环境影响评价制度具有预测性、客观性、综合性、强制性等特点。

二、环境影响评价制度的形成和发展

1969 年，美国在《国家环境政策法》中首次把"环境影响评价制度"作为联邦政府在环境管理中必须遵循的一项制度。我国在 1979 年颁布的《中华人民共和国环境保护法（试行）》中首次规定了这项制度。1998 年，国务院发布的《建设项目环境保护管理条例》对环境影响评价制度作了专章规定。《国务院关于修改〈建设项目环境保护管理条例〉的决定》已于 2017 年 6 月 21 日国务院第 177 次常务会议通过，自 2017 年 10 月 1 日起施行。2003 年 9 月 1 日起施行的《中华人民共和国环境影响评价法》，已于 2016 年 7 月 2 日通过了该法的修改决定，作出的修改如下。

（1）将第十四条增加一款，作为第一款："审查小组提出修改意见的，专项规划的编制机关应当根据环境影响报告书结论和审查意见对规划草案进行修改完善，并对环境影响报告书结论和审查意见的采纳情况作出说明；不采纳的，应当说明理由。"

（2）删去第十七条第二款。

（3）将第十八条第三款修改为："已经进行了环境影响评价的规划包含具体建设项目的，规划的环境影响评价结论应当作为建设项目环境影响评价的重要依据，建设项目环境影响评价的内容应当根据规划的环境影响评价审查意见予以简化。"

（4）将第二十二条修改为："建设项目的环境影响报告书、报告表，由建设单位按照国务院的规定报有审批权的环境保护行政主管部门审批。海洋工程建设项目的海洋环境影响报告书的审批，依照《中华人民共和国海洋环境保护法》的规定办理。审批部门应当自收到环境影响报告书之日起六十日内，收到环境影响报告表之日起三十日内，分别作出审批决定并书面通知建设单位。国家对环境影响登记表实行备案管理。审核、审批建设项目环境影响报告书、报告表以及备案环境影响登记表，不得收取任何费用。"

（5）将第二十五条修改为："建设项目的环境影响评价文件未依法经审批部门审查或者审查后未予批准的，建设单位不得开工建设。"

（6）将第二十九条修改为："规划编制机关违反本法规定，未组织环境影响评价，或者组织环境影响评价时弄虚作假或者有失职行为，造成环境影响评价严重失实的，对直接负责的主管人员和其他直接责任人员，由上级机关或者监察机关依法给予行政处分。"

（7）将第三十一条修改为："建设单位未依法报批建设项目环境影响报告书、报告表，或者未依照本法第二十四条的规定重新报批或者报请重新审核环境影响报告书、报告表，擅自开工建设的，由县级以上环境保护行政主管部门责令停止建设，根据违法情节和危害后果，处建设项目总投资额百分之一以上百分之五以下的罚款，并可以责令恢复原状；对建设单位直接负责的主管人员和其他直接责任人员，依法给予行政处分。建设项目环境影响报告书、报告表未经批准或者未经原审批部门重新审核同意，建设单位擅自开工建设的，依照前款的规定处罚、处分。建设单位未依法备案建设项目环境影响登记表的，由县级以上环境保护行政主管部门责令备案，处五万元以下的罚款。海洋工程建设项目的建设单位有本条所列违法行为的，依照《中华人民共和国海洋环境保护法》的规定处罚。"

（8）删去第三十二条。

（9）将第三十四条改为第三十三条，修改为："负责审核、审批、备案建设项目环境影响评价文件的部门在审批、备案中收取费用的，由其上级机关或者监察机关责令退还；情节严重的，对直接负责的主管人员和其他直接责任人员依法给予行政处分。"

三、环境影响评价制度的主要内容

根据《中华人民共和国环境影响评价法》的相关规定，我国将环境影响评价分为规划的环境影响评价和建设项目的环境影响评价两种。

（一）规划的环境影响评价

环境影响评价法将规划纳入环境影响评价的范围，并将规划的环境影响评价规定为编制机关的法定任务，可以促使规划编制机关站在可持续发展的高度，正确对待经济发展和环境保护的关系问题。

1. 分类及相关内容

依据《中华人民共和国环境影响评价法》的规定，应当进行环境影响评价的规划主要包括综合性规划和专项规划，而专项规划又可以分为指导性的专项规划和非指导性的专项规划。综合性规划包括国务院有关部门、设区的市级以上地方人民政府及其有关部门组织编制的土地利用的有关规划，以及区域、流域、海域的建设、开发利用规划。专项规划包括国务院有关部门、设区的市级以上地方人民政府及其有关部门组织编制的工业、农业、畜牧业、林业、能源、水利、交通、城市建设、旅游、自然资源开发的有关规划。对于综合性规划以及指导性的专项规划，在编制规划时应编写该规划有关环境影响的篇章或者说明。对于非指导性的专项规划，应该编写环境影响报告书。综合性规划的有关环境影响的篇章或说明的主要内容包括：对规划实施后可能造成的环境影响作出分析、预测和评估，提出预防或者减轻不良环境影响的对策和措施。专项规划的环境影响评价报告书的内容包括：实施该规划对环境可能造成的影响分析、预测和评估；预防或者减轻不良环境影响的对策和措施；环境影响评价的结论。

2. 规划环境影响评价的组织者

《中华人民共和国环境影响评价法》第七条第一款规定："国务院有关部门、设区的市级以上地方人民政府及其有关部门，对其组织编制的土地利用的有关规划，区域、流域、海域的建设、开发利用规划，应当在规划编制过程中组织进行环境影响评价，编写该规划有关环境影响的篇章或者说明。"第八条第一款规定："国务院有关部门、设区的市级以上地方人民政府及其有关部门，对其组织编制的工业、农业、畜牧业、林业、能源、水利、交通、城市建设、旅游、自然资源开发的有关专项规划（以下简称专项规划），应当在该专项规划草案上报审批前，组织进行环境影响评价，并向审批该专项规划的机关提出环境影响报告书。"该法还明确指出，未编写有关环境影响的篇章或者说明的规划草案，审批机关不予审批。由此可见，规划的环境影响评价的组织者是政府部门。

（二）建设项目的环境影响评价

1. 建设项目的分类管理

《中华人民共和国环境影响评价法》规定：国家根据建设项目对环境的影响程度，按照下列规定对建设项目的环境影响评价实行分类管理：

（1）建设项目对环境可能造成重大影响的，应当编制环境影响报告书，对建设项目产生的污染和对环境的影响进行全面、详细的评价；

（2）建设项目对环境可能造成轻度影响的，应当编制环境影响报告表，对建设项目产生的污染和对环境的影响进行分析或者专项评价；

（3）建设项目对环境影响很小，不需要进行环境影响评价的，应当填报环境影响登记表。

由此可见，所有的开发建设活动，包括新建、改建、扩建、技术改造项目以及一切引进项目，都应当按照环境影响评价分类管理的规定分别填报相应的环境影响评价书面文件。

这表明，并不是所有的新建企业都要进行环境影响评价，而是要看它对环境影响程度的大小。

2. 建设项目的环境影响评价的内容

建设项目的环境影响报告书的内容包括：

（1）建设项目概况；

（2）建设项目周围地区的环境状况调查；

（3）建设项目对周围地区的环境近期和远期影响分析和预测；

（4）环境保护措施及经济、技术论证；

（5）环境影响评价经济损益分析；

（6）环境监测制度建议；

（7）结论。

3. 建设项目的环境影响评价的基本程序

首先，应当初步判断建设项目对环境的潜在影响，从而依据《建设项目环境影响评价分类管理名录》确定进行哪一类的环境影响评价。

其次，确定为建设项目环境影响评价提供技术服务的机构。根据法律规定，为建设项目环境影响评价提供技术服务的机构，不得与负责审批建设项目环境影响评价文件的环境保护行政主管部门或者其他有关审批部门存在任何利益关系。

再次，按法定要求编制环境影响报告书（表）。建设项目对环境可能造成重大影响的，应当编制环境影响报告书，建设单位应当在报批建设项目环境影响报告书之前，听取专家和公众的意见。

最后，对建设项目环境影响评价文件进行审查和批准。《中华人民共和国环境影响评价法》第二十三条规定："国务院环境保护行政主管部门负责审批下列建设项目的环境影响评价文件：

（一）核设施、绝密工程等特殊性质的建设项目；

（二）跨省、自治区、直辖市行政区域的建设项目；

（三）由国务院审批的或者由国务院授权有关部门审批的建设项目。

前款规定以外的建设项目的环境影响评价文件的审批权限，由省、自治区、直辖市人民政府规定。"

建设项目的环境影响评价文件未依法经审批部门审查或者审查后未予批准的，建设单位不得开工建设。

（三）环境影响评价中的公众参与

环境影响评价是一个为决策提供科学依据的过程，在该过程中鼓励公众参与，可以使各方面的利益和看法得到比较充分的考虑，从而推动政策决策的民主化。同时，在环境影响评价过程中，听取有关单位和公众的意见，还能使有关部门更全面地了解和掌握评价对象的环境状况，以便提高环境影响评价的科学性和针对性。根据《中华人民共和国环境影响评价法》的规定，除国家规定需要保密的情况以外，要求编制可能造成不良环境影响并且直接涉及公众环境权益的规划和对环境可能造成重大影响的建设项目，应当举行论证会、听证会或者采取其他形式，征求有关单位、专家和公众的意见；对这些意见，有关单位和部门应当认真考虑，在环境影响评价文件中应当附有对意见采纳或者不采纳的说明。《环境影响评价公众参与暂行办法》对公众参与环境影响评价作了全面具体的规定。

典型案例

圆明园防渗工程事件

2005 年 3 月 22 日，兰州大学教授张某在圆明园游玩时，被眼前的景象惊呆了。"到处是白花花的一片！惨不忍睹！"原来，圆明园的管理部门为了防止湖水下渗，正在给这里的 2000 余亩湖底铺防渗膜。据称，由于干燥等原因，圆明园的管理部门每年都要花几百万元向湖里注水，为节省开支，又为保证湖水的充足，所以圆明园的管理部门想出了这种防渗的办法。从事生态学研究的张教授马上意识到这将会成为一场"生态灾难"，因为在有限水量补给条件下，容易在防渗膜上部的底泥中出现营养物质和盐分的积累，从而加大水质恶化的风险，如不能保证适当的水体交换量，最终有可能导致湖水污染。3 月 24 日，他找来《人民日报》的记者一同到现场考察。3 月 28 日上午，《人民日报》和人民网同时披露"圆明园湖底铺设防渗膜遭专家质疑"的消息，该消息一出，立即引起社会的广泛关注，随后进一步发现，作为人文遗迹的圆明园，在进行这一工程时没有经过任何的环境影响评价。4 月 1 日，国家环境保护总局向圆明园管理部门下达停工令，并表示圆明园湖底防渗项目未依法报批建设项目环境影响评价文件，属于擅自开工建设。4 月 5 日，国家环境保护总局发出公告，将圆明园防渗工程的公众听证会的召开日期定于 4 月 13 日，这也是自《中华人民共和国环境影响评价法》实施以来国家环境保护总局举行的首次公众听证会。进行了几轮听证会后，由清华大学对该项目进行环境影响评价，最终决定撤掉圆明园湖底铺设的防渗膜，填以黏土。

这一事件给圆明园造成了直接经济损失达四五百万元之多，一年的游船收入没有了，再加上铺膜和拆膜的费用，使得圆明园既伤了筋又动了骨。在国家环境保护总局举行的听证会后不久，圆明园管理处主任李某就被调走了。

案例分析

××小区业委会诉上海市环境保护管理局不服环境影响评价报告审批决定案

一、案情概述

2012 年 5 月 14 日，上海市规划和国土资源管理局向国网上海市电力公司（以下简称电力公司）核发了 500kV 虹杨输变电工程《建设项目选址意见书》，明确了该项目的用地位置。一审原告××小区毗邻虹杨变电站站址。6 月 25 日，上海市环境保护管理局（以下简称市环保局）受理了电力公司提出的《500kV 虹杨输变电工程环境影响报告书》（以下简称《环评报告》）审批申请，并网上公示了受理信息。同日，市环保局委托上海市环境科学研究院开展对该工程环评文件的技术评估。7 月 5 日，上海市环境科学研究院向被告出具了技术评估报告，认为《环评报告》符合相关环境保护技术标准，评价结论总体可信。7 月 17 日，市环保局组织召开专家咨询会，与会专家认为，市环保局对公众反映问题的说明和处理符合有关规定；虹杨输变电项目对周边环境影响符合相关环境保护标准，项目不会影响周边居民的重大环境利益。8 月 6 日，市环保局经审查认为，电力公司提交的《环评报告》符合相关要求，拟作出批准决定，遂在"上海环境网"就该工程的拟批准情况进行公示。10 月 22 日，市环保局作出《关于 500kV 虹杨输变电工程环境影响报告书的审批意见》，同意项目建设。上海市杨浦区××小区业主委员会认为居民小区附近不应建高压变电站项目，被告不考虑建设项目对居民的实际影响而作出审批系违法，遂向环境保护行政主管部门申请行政复议，行政复议机关审查后作出维持上述审批意见的复议决定。原告不服，遂向上海市黄浦区人民法院（以下简称一审人民法院）提起行政诉讼。

二、裁判结果

一审人民法院认为，被告受理电力公司申请后，就相关情况进行了公示，委托有关单位对《环评报告》进行了技术评估，并组织召开专家咨询会，在审查《环评报告》、技术评估报告等文件后，作出环评审批决定，符合法定程序，但作出审批决定的时间超过了法规规定的时间，属程序瑕疵。《环评报告》的编制单位具有相应资质，《环评报告》依据相关编制标准对涉案建设项目的各项环境保护指标进行了评价，并据此得出环评结论，符合环评技术规范和法律规定的要求。

原告在诉讼中主张，被告审批过程中不应以专家咨询会替代听证会、论证会、座谈会等公众参与，电力公司在编制《环评报告》过程中，公众参与不符合法定要求。一审人民法院认为，被告在环评文件审批过程中的公众参与活动有专家咨询会意见、网上公示信息等证据证明，根据《环境影响评价公众参与暂行办法》的规定，环评审批过程中环境保护部门可以通过咨询专家意见的方式开展公众参与，故被告的公众参与活动与法不悖。对于环评过程中的公众参与问题，《环评报告》中对 180 份调查问卷的发放和分布、公众参与信息公示等均有明确记载，并附录了公众意见采纳或不采纳的说明。因此，环评文件编制过程中公众参与活动的开展符合法律、法规的要求。据此，一审人民法院判决驳回原告的诉讼请求。原告不服，向上海市第二中级人民法院（以下简称二审法院）提起上诉，二审法院经审理查明，判决驳回上诉、维持原判。

三、典型意义

本案的典型意义在于，在环境保护行政案件中对公众参与程序的司法审查是重要环节。公众参与是实现人民权利的基本途径，是落实人民重要地位的重要体现，是民主决策和科学决策的重要保障。特别是环境保护问题与群众生活休戚相关，更应该加强对公众参与的监督。人民法院审查《环评报告》的审批行为，应严格依据相关规定进行审查。本案中一、二审人民法院均将公众参与作为审查重点，审理思路清晰，指导思想明确，所作出的判决和处理符合法律规定。

第二节
"三同时"制度

一、"三同时"制度的概念

"三同时"制度，是指建设对环境有影响的一切建设项目，必须依法执行环境保护设施与主体工程同时设计、同时施工、同时投产使用的制度。

"三同时"制度是环境影响评价制度的继续。如果没有"三同时"制度，只有环境影响评价制度，环境影响评价制度就变成了一纸空文而没有落实；如果没有环境影响评价制度，只有"三同时"制度，就会造成选址不当，充其量只能减轻污染危害，而不能防止因此带来的环境隐患，甚至还会造成投资浪费。"三同时"制度是我国环境管理工作的一项创举，是我国环境保护法规定的一项基本法律制度。其目的是落实建设活动对环境产生影响的防治措施，防止新污染源或者破坏源的产生，并根据以新带老的原则，促进对老污染源或者破坏源的治理，保证建设项目建成后，所排放的污染物符合规定的排放标准，或者不对周围环境造成新的污染和破坏。

二、"三同时"制度的主要内容

（一）"三同时"制度的适用范围

"三同时"制度开始只适用于新建、改建和扩建的项目，后来其适用的范围不断扩大。目前，"三同时"制度的适用范围包括以下几个方面：

1. 新建、扩建、改建项目

新建项目，是指原来没有任何基础，而从无到有开始建设的项目；扩建项目，是指为扩大产品生产能力或提高经济效益，在原有建设的基础上又建设的项目；改建项目，是指在原有设施的基础上，为了改变生产工艺、产品种类或者为了提高产品产量、质量，在不断扩大原有建设规模的情况下建设的项目。

2. 技术改造项目

技术改造项目，是指利用更新改造资金进行挖潜、革新、改造的建设项目。

3. 一切可能对环境造成污染和破坏的工程建设项目

这方面的项目包括的范围特别广泛，几乎不分建设项目的大小、类别，也不管是新建、扩建或改建项目，只要可能对环境造成污染和破坏，就要执行"三同时"制度。

4. 确有经济效益的综合利用项目

《关于开展资源综合利用若干问题的暂行规定》指出，"对于确有经济效益的综合利用项目，应当同治理环境污染一样"，对其中防治污染和其他公害的设施，必须"与主体工程同时设计、同时施工、同时投产使用"。

（二）"三同时"制度的具体内容

（1）建设项目的初步设计，应当按照环境保护设计规范的要求，编制环境保护篇章，落实防治环境污染和生态破坏的措施以及环境保护设施投资概算。

（2）建设单位应当将环境保护设施建设纳入施工合同，保证环境保护设施建设进度和资金，并在项目建设过程中同时组织实施环境影响报告书、环境影响报告表及其审批部门审批决定中提出的环境保护对策与措施。编制环境影响报告书、环境影响报告表的建设项目竣工后，建设单位应当按照国务院环境保护行政主管部门规定的标准和程序，对配套建设的环境保护设施进行验收，编制验收报告。

（3）建设单位在环境保护设施验收过程中，应当如实查验、监测、记载建设项目环境保护设施的建设和调试情况，不得弄虚作假。除按照国家规定需要保密的情形外，建设单位应当依法向社会公开验收报告。分期建设、分期投入生产或者使用的建设项目，其相应的环境保护设施应当分期验收。编制环境影响报告书、环境影响报告表的建设项目，其配套建设的环境保护设施经验收合格，方可投入生产或者使用；未经验收或者验收不合格的，不得投入生产或者使用。

（4）环境保护行政主管部门应当对建设项目环境保护设施的设计、施工、验收、投入生产或者使用情况，以及有关环境影响评价文件确定的其他环境保护措施的落实情况，进行监督检查。环境保护行政主管部门应当将建设项目中有关环境违法的信息记入社会诚信档案，及时向社会公开违法者名单。

典型案例

全国第一起环境监管失职刑事案件在山西省某市中级人民法院结案。××县环境保护局原局长赵某因犯"环境监管失职罪"，被判处有期徒刑。这是自 1997 年《中华人民共和国刑法》修订后全国第一起关于环境监管失职罪的有罪判决。它不仅为那些不严格依法履行环境监管职责的环境保护主管部门及其执法人员敲响了警钟，而且最重要的是引起人们更多地关注到"三同时"制度。

××化学工业有限公司在成立之初曾向该县环境保护局递交了《关于成立中外合资山西××化学工业有限公司生产化工产品××的可行性报告》，申请对该项目进行选址审批和立项审查，这是一个典型的新建项目。

"三同时"制度的适用范围是技术改造项目及一切可能对环境造成污染和破坏的工程建设项目。××化学工业有限公司项目经批准后，进入建设阶段。该公司在合成车间与结晶车间内建成一条纵贯两车间的下水道，直通史山河。1999 年 12 月，该公司主体工程建设项目完成时，按该项目的设计要求应当同时建成的尾气焚烧炉、事故应急处理池，均未按照"三同时"制度的要求同时建成；对车间通向史山河的废水管道，也未采取防渗漏措施。

违反了"三同时"制度的要求，就要承担相应的法律责任。对建设单位来讲，环境保护措施的初步设计未经环境保护主管部门审查批准，擅自施工的，环境保护主管部门除责令其停止施工、补办审批手续外，还可以对建设单位及其负责人处以罚款；建设项目的环境保护设施没有建成或者没有达到国家规定的要求投入生产使用的，由环境保护主管部门责令其停止生产或者使用，可以并处罚款；因违反"三同时"制度而造成环境污染、生态破坏和其他损害的，除承担赔偿责任外，环境保护主管部门还可以对其给予行政处罚。

本案中××县环境保护局原局长赵某和他所在的县环境保护局都做了些什么呢？该项目进入建设阶段后，按规定环境保护主管部门应当进行现场检查以确保"三同时"制度的落实。但赵某未尽职责，既未具体安排，也未过问落实。正是由于县环境保护局监管不力，在发现××化学工业有限公司建设项目未经检查同意，就擅自开始试生产，并将有毒废水从下水道直接排入当地饮用水源时，没有作过任何处理，从而导致79人出现中毒症状，先后有49人住院诊治，造成直接经济损失达100多万元。这已经构成了重大环境污染事故，赵某也被判处有期徒刑，付出了惨痛的代价。对环境保护主管部门来讲，不认真履行法定权力，就意味着违背法定义务，就要承担相应的行政责任，甚至是刑事责任。当××化学工业有限公司违规进入试生产阶段时，县环境保护局本应依法责令其办理竣工验收手续，如逾期未办理，可以责令其停止生产和处以罚款。遗憾的是，县环境保护局没有切实加强环境监管，造成了重大环境污染，按照《中华人民共和国环境保护法》的有关规定，对责任人员可由其所在单位或上级主管机关给予行政处分，构成犯罪的，应依法追究刑事责任。

"三同时"制度不但要求建设项目的环境保护措施和主体工程同时设计、同时施工、同时投产使用，还要求环境保护部门和建设单位同时遵守。

第三节
排污许可制度

一、排污许可制度的相关规定

（一）排污许可制度及相关概念

排污许可制度，是指环境保护主管部门依排污单位的申请和承诺，通过发放排污许可证法律文书的形式，依照规范和限制排污单位排污行为并明确环境管理要求，依据排污许可证对排污单位实施监管执法的环境管理制度。排污单位特指纳入《固定污染源排污许可分类管理名录（2017 年版）》的企业事业单位和其他生产经营者。

排污许可证，是指排污单位向环境保护行政主管部门提出申请后，环境保护行政主管部门经审查发放的允许排污单位排放一定数量污染物的凭证。排污许可证属于环境保护许可证的重要组成部分，而且被广泛使用。排污许可证制度，是指有关排污许可证的申请、审核、颁发、中止、吊销、监督管理和罚则等方面规定的总称。

（二）排污许可管理的对象

《排污许可证管理暂行规定》第四条的规定："下列排污单位应当实行排污许可管理：

（一）排放工业废气或者排放国家规定的有毒有害大气污染物的企业事业单位；

（二）集中供热设施的燃煤热源生产运营单位；

（三）直接或间接向水体排放工业废水和医疗污水的企业事业单位；

（四）城镇或工业污水集中处理设施的运营单位；

（五）依法应当实行排污许可管理的其他排污单位。

环境保护部按行业制订并公布排污许可分类管理名录，分批分步骤推进排污许可证管理。排污单位应当在名录规定的时限内持证排污，禁止无证排污或不按证排污。"

（三）排污许可差异化管理

在排污许可分类管理名录中规定对不同行业或同一行业的不同类型排污单位实行排污许可差异化管理，国家根据排放污染物的企业事业单位和其他生产经营者污染物产生量、排放量和环境危害程度，实行排污许可重点管理和简化管理。对污染物产生量和排放量较小、环境危害程度较低的排污单位实行排污许可简化管理。简化管理的内容包括申请材料、信息公开、自行监测、台账记录、执行报告的具体要求。

对排污单位排放水污染物、大气污染物的各类排污行为实行综合许可管理。排污单位申请并领取一个排污许可证，同一法人单位或其他组织所有，位于不同地点的排污单位，应当分别申请和领取排污许可证；不同法人单位或其他组织所有的排污单位，应当分别申请和领取排污许可证。

（四）排污许可证核发权限

生态环境部负责全国排污许可制度的统一监督管理，制订相关政策、标准、规范，指导地方实施排污许可制度。

省、自治区、直辖市环境保护主管部门负责本行政区域排污许可制度的组织实施和监督。县级环境保护主管部门负责实施简化管理的排污许可证核发工作，其余的排污许可证原则上由地（市）级环境保护主管部门负责核发。地方性法规另有规定的从其规定。

按照国家有关规定，县级环境保护主管部门被调整为市级环境保护主管部门派出分局的，由市级环境保护主管部门组织所属派出分局实施排污许可证核发管理。

生态环境部负责建设、运行、维护、管理国家排污许可证管理信息平台，各地现有的排污许可证管理信息平台应实现数据的逐步接入。生态环境部在统一社会信用代码基础上，通过国家排污许可证管理信息平台对全国的排污许可证实行统一编码。排污许可证申请、受理、审核、发放、变更、延续、注销、撤销、遗失补办应当在国家排污许可证管理信息平台上进行。排污许可证的执行、监管执法、社会监督等信息应当在国家排污许可证管理信息平台上记录。

二、排污许可证内容

（一）排污许可证的构成

排污许可证由正本和副本构成，正本载明基本信息，副本载明基本信息、登记事项、许可事项、承诺书等内容。

（二）排污许可证载明的具体内容

1. 排污许可证正本和副本中应当同时载明以下基本信息

（1）排污单位名称、注册地址、法定代表人或者主要负责人、技术负责人、生产经营场所地址、行业类别、统一社会信用代码等排污单位基本信息；

（2）排污许可证有效期限、发证机关、发证日期、证书编号和二维码等基本信息。

设区的市级以上地方环境保护主管部门可以根据环境保护地方性法规，增加需要在排污许可证中载明的内容。

2. 排污许可证副本中载明的信息

（1）排污单位申报的登记事项：

① 主要生产设施、主要产品及产能、主要原辅材料等；

② 产排污环节、污染防治设施等；

③ 环境影响评价审批意见、依法分解落实到本单位的重点污染物排放总量控制指标、排污权有偿使用和交易记录等。

（2）由排污单位申请经核发环境保护部门审核后的许可事项：

① 排放口位置和数量、污染物排放方式和排放去向等，大气污染物无组织排放源的位置和数量；

② 排放口和无组织排放源排放污染物的种类、许可排放浓度、许可排放量；

③ 取得排污许可证后应当遵守的环境管理要求；

④ 法律法规规定的其他许可事项。

核发环保部门应当根据国家和地方污染物排放标准，确定排污单位排放口或者无组织排放源相应污染物的许可排放浓度。排污单位承诺执行更加严格的排放浓度的，应当在排污许可证副本中规定。

核发环保部门按照排污许可证申请与核发技术规范规定的行业重点污染物允许排放量核算方法，以及环境质量改善的要求，确定排污单位的许可排放量。2015 年 1 月 1 日及以后取得建设项目环境影响评价审批意见的排污单位，环境影响评价文件及审批意见中与污染物排放相关的主要内容应当纳入排污许可证。

（3）核发环保部门根据排污单位的申请材料、相关技术规范和监管需要在排污许可证副本中应载明下列环境管理要求：

① 污染防治设施运行和维护、无组织排放控制等要求；

② 自行监测要求、台账记录要求、执行报告内容和频次等要求；

③ 排污单位信息公开要求；

④ 法律法规规定的其他事项。

三、申请与审查核发

省级环境保护主管部门应当根据《排污许可管理办法（试行）》第六条和《固定污染源排污许可分类管理名录（2017 年版）》，确定本行政区域内负责受理排污许可证申请的核发环保部门、申请程序等相关事项，并向社会公告。

（一）申请

1. 申请时限

在固定污染源排污许可分类管理名录规定的时限前已经建成并实际排污的排污单位，应当在名录规定时限申请排污许可证；在名录规定的时限后建成的排污单位，应当在启动生产设施或者在实际排污之前申请排污许可证。

排污单位应当在全国排污许可证管理信息平台上填报并提交排污许可证申请，同时向核发环保部门提交通过全国排污许可证管理信息平台印制的书面申请材料。

实行重点管理的排污单位在提交排污许可申请材料前，应当将承诺书、基本信息以及拟申请的许可事项向社会公开。公开途径应当选择包括全国排污许可证管理信息平台等便于公众知晓的方式，公开时间不得少于五个工作日。

2. 申请材料

（1）排污许可证申请表，主要内容包括：排污单位基本信息，主要生产设施、主要产品及产能、主要原辅材料，废气、废水等产排污环节和污染防治设施，申请的排放口位置和数量、排放方式、排放去向，按照排放口和生产设施或者车间申请的排放污染物种类、排放浓度和排放量，执行的排放标准；

（2）自行监测方案；

（3）由排污单位法定代表人或者主要负责人签字或者盖章的承诺书；

（4）排污单位有关排污口规范化的情况说明；

（5）建设项目环境影响评价文件审批文号，或者按照有关规定经地方人民政府依法处理、整顿规范并符合要求的相关证明材料；

（6）排污许可证申请前信息公开情况说明表；

（7）污水集中处理设施的经营管理单位还应当提供纳污范围、纳污排污单位名单、管网布置、最终排放去向等材料；

（8）《排污许可管理办法（试行）》实施后的新建、改建、扩建项目，排污单位存在通过污染物排放等量或者减量替代削减获得重点污染物排放总量控制指标情况的，且出让重点污染物排放总量控制指标的排污单位已经取得排污许可证的，应当提供出让重点污染物排放总量控制指标的排污单位的排污许可证完成变更的相关材料；

（9）法律法规规章规定的其他材料。主要生产设施、主要产品产能等登记事项中涉及商业秘密的，排污单位应当进行标注。

（二）审查核发

1. 受理审查

核发环保部门收到排污单位提交的申请材料后，对材料的完整性、规范性进行审查，按照下列情形分别作出处理：

（1）依照《排污许可管理办法（试行）》不需要取得排污许可证的，应当当场或者在五个工作日内告知排污单位不需要办理；

（2）不属于本行政机关职权范围的，应当当场或者在五个工作日内作出不予受理的决定，并告知排污单位向有核发权限的部门申请；

（3）申请材料不齐全或者不符合规定的，应当当场或者在五个工作日内出具告知单，告知排污单位需要补正的全部材料，可以当场更正的，应当允许排污单位当场更正；

（4）属于本行政机关职权范围，申请材料齐全、符合规定，或者排污单位按照要求提交全部补正申请材料的，应当受理。

核发环保部门应当在全国排污许可证管理信息平台上作出受理或者不予受理排污许可证申请的决定，同时向排污单位出具加盖本行政机关专用印章和注明日期的受理单或者不予受理告知单。

核发环保部门应当告知排污单位需要补正的材料，逾期不告知的，自收到书面申请材料之日起即视为受理。

2. 核发

（1）核发排污许可证的条件。核发环保部门应当对排污单位的申请材料进行审核，对满足下列条件的排污单位核发排污许可证：

① 依法取得建设项目环境影响评价文件审批意见，或者按照有关规定经地方人民政府依法处理、整顿规范并符合要求的相关证明材料；

② 采用的污染防治设施或者措施有能力达到许可排放浓度要求；

③ 排放浓度符合《排污许可管理办法（试行）》第十六条规定，排放量符合《排污许可管理办法（试行）》第十七条规定；

④ 自行监测方案符合相关技术规范；

⑤《排污许可管理办法（试行）》实施后的新建、改建、扩建项目，排污单位存在通过污染物排放等量或者减量替代削减获得重点污染物排放总量控制指标情况的，出让重点污染物排放总量控制指标的排污单位已完成排污许可证变更。

对存在下列情形之一的，核发环保部门不予核发排污许可证：

① 位于法律法规规定禁止建设区域内的；

② 属于国务院经济综合宏观调控部门会同国务院有关部门发布的产业政策目录中明令淘汰或者立即淘汰的落后生产工艺装备、落后产品的；

③ 法律法规规定不予许可的其他情形。

（2）核发排污许可证时限。核发环保部门应当自受理申请之日起二十个工作日内作出是否准予许可的决定。自作出准予许可决定之日起十个工作日内，核发环保部门向排污单位发放加盖本行政机关印章的排污许可证。核发环保部门在二十个工作日内不能作出决定的，经本部门负责人批准，可以延长十个工作日，并将延长期限的理由告知排污单位。依法需要听证、检验、检测和专家评审的，所需时间不计算在《排污许可管理办法（试行）》第三十一条所规定的期限内。核发环保部门应当将所需时间书面告知排污单位。

核发环保部门作出准予许可决定的，须向全国排污许可证管理信息平台提交审核结果，获取全国统一的排污许可证编码。

核发环保部门作出准予许可决定的，应当将排污许可证正本以及副本中载明的基本信息、许可事项及承诺书在全国排污许可证管理信息平台上公告。

核发环保部门作出不予许可决定的，应当制作不予许可决定书，书面告知排污单位不予许可的理由，以及依法申请行政复议或者提起行政诉讼的权利，并在全国排污许可证管理信息平台上公告。

四、排污许可证的变更、延续、撤销

（一）变更排污许可证

1. 申请变更排污许可证的情形及时限

在排污许可证有效期内，下列与排污单位有关的事项发生变化的，排污单位应当在规定时间内向核发环保部门提出变更排污许可证的申请：

（1）排污单位名称、地址、法定代表人或者主要负责人等正本中载明的基本信息发生变更之日起三十个工作日内；

（2）因排污单位原因许可事项发生变更之日前三十个工作日内；

（3）排污单位在原场址内实施新建、改建、扩建项目应当开展环境影响评价的，在取得环境影响评价审批意见后，排污行为发生变更之日前三十个工作日内；

（4）新修订的国家和地方污染物排放标准实施前三十个工作日内；

（5）依法分解落实的重点污染物排放总量控制指标发生变化后三十个工作日内；

（6）地方人民政府依法制定的限期达标规划实施前三十个工作日内；

（7）地方人民政府依法制定的重污染天气应急预案实施后三十个工作日内；

（8）法律法规规定需要进行变更的其他情形。

发生第（3）项规定情形，且通过污染物排放等量或者减量替代削减获得重点污染物排放总量控制指标的，在排污单位提交变更排污许可申请前，出让重点污染物排放总量控制指标的排污单位应当完成排污许可证变更。

2. 申请变更排污许可证提交的材料

申请变更排污许可证的，应当提交下列申请材料：

（1）变更排污许可证申请；

（2）由排污单位法定代表人或者主要负责人签字或者盖章的承诺书；

（3）排污许可证正本复印件；

（4）与变更排污许可事项有关的其他材料。

核发环保部门应当对变更申请材料进行审查，作出变更决定的，在排污许可证副本中载明变更内容并加盖本行政机关印章，同时在全国排污许可证管理信息平台上公告；属于排污单位名称、地址、法定代表人或者主要负责人等正本中载明的基本信息发生变更情形的，还应当换发排污许可证正本。

（二）延续排污许可证

1. 申请延续排污许可证的期限

排污单位需要延续依法取得的排污许可证的有效期的，应当在排污许可证届满三十个工作日前向原核发环保部门提出申请。

2. 申请延续排污许可证提交的材料

申请延续排污许可证的，应当提交下列材料：

（1）延续排污许可证申请；

（2）由排污单位法定代表人或者主要负责人签字或者盖章的承诺书；

（3）排污许可证正本复印件；

（4）与延续排污许可事项有关的其他材料。

核发环保部门应当按照《排污许可管理办法（试行）》第二十九条规定对延续申请材料进行审查，并自受理延续申请之日起二十个工作日内作出延续或者不予延续许可决定。作出延续许可决定的，向排污单位发放加盖本行政机关印章的排污许可证，收回原排污许可证正本，同时在全国排污许可证管理信息平台上公告。

（三）撤销排污许可证

有下列情形之一的，核发环保部门或者其上级行政机关，可以撤销排污许可证并在全国排污许可证管理信息平台上公告：

（1）超越法定职权核发排污许可证的；

（2）违反法定程序核发排污许可证的；

（3）核发环保部门工作人员滥用职权、玩忽职守核发排污许可证的；

（4）对不具备申请资格或者不符合法定条件的申请人准予行政许可的。

五、法律责任

环境保护主管部门在排污许可证受理、核发及监管执法中有下列行为之一的，由其上级行政机关或者监察机关责令改正，对直接负责的主管人员或者其他直接责任人员依法给予行政处分；构成犯罪的，依法追究刑事责任：

（1）符合受理条件但未依法受理申请的；

（2）对符合许可条件的不依法准予核发排污许可证或者未在法定时限内作出准予核发排污许可证决定的；

（3）对不符合许可条件的准予核发排污许可证或者超越法定职权核发排污许可证的；

（4）实施排污许可证管理时擅自收取费用的；

（5）未依法公开排污许可相关信息的；

（6）不依法履行监督职责或者监督不力，造成严重后果的；

（7）其他应当依法追究责任的情形。

排污单位隐瞒有关情况或者提供虚假材料申请行政许可的，核发环保部门不予受理或者不予行政许可，并给予警告。

重点排污单位未依法公开或者不如实公开有关环境信息的，由县级以上环境保护主管部门责令公开，依法处以罚款，并予以公告。

有下列行为之一的，由县级以上环境保护主管部门依据《中华人民共和国大气污染防治法》《中华人民共和国水污染防治法》的规定，责令改正，处二万元以上二十万元以下的罚款；拒不改正的，依法责令停产整治：

（1）未按照规定对所排放的工业废气和有毒有害大气污染物、水污染物进行监测，或者未保存原始监测记录的；

（2）未按照规定安装大气污染物、水污染物自动监测设备，或者未按照规定与环境保护主管部门的监控设备联网，或者未保证监测设备正常运行的。

排污单位存在以下无排污许可证排放污染物情形的，由县级以上环境保护主管部门依据《中华人民共和国大气污染防治法》《中华人民共和国水污染防治法》的规定，责令改正或者责令限制生产、停产整治，并处十万元以上一百万元以下的罚款；情节严重的，报经有批准权的人民政府批准，责令停业、关闭：

（1）依法应当申请排污许可证但未申请，或者申请后未取得排污许可证排放污染物的；

（2）排污许可证有效期限届满后未申请延续排污许可证，或者延续申请未经核发环保部门许可仍排放污染物的；

（3）被依法撤销排污许可证后仍排放污染物的；

（4）法律法规规定的其他情形。

排污单位存在以下违反排污许可证行为的，由县级以上环境保护主管部门依据《中华人民共和国环境保护法》《中华人民共和国大气污染防治法》《中华人民共和国水污染防治法》的规定，责令改正或者责令限制生产、停产整治，并处十万元以上一百万元以下的罚款；情节严重的，报经有批准权的人民政府批准，责令停业、关闭：

（1）超过排放标准或者超过重点大气污染物、重点水污染物排放总量控制指标排放水污染物、大气污染物的；

（2）通过偷排、篡改或者伪造监测数据、以逃避现场检查为目的的临时停产、非紧急情况下开启应急排放通道、不正常运行大气污染防治设施等逃避监管的方式排放大气污染物的；

（3）利用渗井、渗坑、裂隙、溶洞，私设暗管，篡改、伪造监测数据，或者不正常运行水污染防治设施等逃避监管的方式排放水污染物的；

（4）其他违反排污许可证规定排放污染物的。

案例分析题

张大明是村里的大能人，自己发了财不忘父老乡亲，为解决村里十几个青壮劳力赋闲在家的问题，回村开了一家小酒厂。办厂可真不是件容易事，建厂房、买设备，卫生许可证、工商管理登记等一系列手续办下来，张大明整个人瘦了十几斤。但看到小酒厂一切运转正常，听到乡亲们由衷的感谢和赞美，张大明心里还是挺美的。谁知好景不长，一天环保部门的人找上门来，问张大明办了排污许可证没有。这回张大明不明白了：我只不过是开一家小酒厂，卫生许可证我也办了，工商管理登记我也办了，该交的税费我也一分不少地交了，这怎么又跟环保部门扯上关系了？

问题：办小酒厂需不需要申请排污许可证？

第四节
环境保护税制度

2016 年 12 月 25 日，第十二届全国人民代表大会常务委员会第二十五次会议通过《中华人民共和国环境保护税法》，全文共 5 章、28 条，分别为总则、计税依据和应纳税额、税收减免、征收管理、附则，并于 2018 年 1 月 1 日起施行。环境保护税，由此成为我国第 18 个税种，施行了近 40 年的排污收费制度将彻底退出历史舞台。

一、环境保护税的主要内容

《中华人民共和国环境保护税法》的内容包括以下几个方面：

1. 环境保护税纳税对象

根据《中华人民共和国环境保护税法》的规定，环境保护税的纳税人是指"在中华人民共和国领域和中华人民共和国管辖的其他海域，直接向环境排放应税污染物的企业事业单位和其他生产经营者"。其他生产经营者是指个体工商户和其他组织。

对于"直接向环境排放污染物"的理解，《中华人民共和国环境保护税法》第四条列举了两种不属于直接向环境排放污染物，不缴纳相应污染物的环境保护税的情形：

（1）企业事业单位和其他生产经营者向依法设立的污水集中处理、生活垃圾集中处理场所排放应税污染物的；

（2）企业事业单位和其他生产经营者在符合国家和地方环境保护标准的设施、场所贮存或者处置固体废物的。

2. 应税污染物

《中华人民共和国环境保护税法》所称的应税污染物，是指《中华人民共和国环境保护税法》所附《环境保护税税目税额表》《应税污染物和当量值表》规定的大气污染物、水污染物、固体废物和噪声。

3. 计税依据

在计税依据方面，将应税污染物的排放量作为计税依据，其中大气污染物、水污染物按照排放量折合的污染当量数确定；固体废物按照固体废物排放量确定；噪声按照超过国家规定标准的分贝数确定。以上排放量数据主要来源于：

（1）自动监测数据计算；

（2）监测机构出具的数据；

（3）按照排污系数、物料衡算方法计算；

（4）按照省级人民政府环境保护主管部门规定的抽样测算的方法核定计算。

4. 环境税税额标准

应税大气污染物和水污染物的具体适用税额的确定和调整，由省、自治区、直辖市人民政府统筹考虑本地区环境承载能力、污染物排放现状和经济社会生态发展目标要求，在《中华人民共和国税法》所附《环境保护税税目税额表》规定的税额幅度内提出，报同级人民代表大会常务委员会决定，并报全国人民代表大会常务委员会和国务院备案。大气污染物每污染当量是 1.2～12 元；水污染物每污染当量是 1.4～14 元；固体废物每吨是 5～1000 元；噪声污染每分贝是 350～11200 元（每月按核定数缴纳）。就目前各省份制定的应税大气污染物和水污染物环境保护税税额标准和征收项目数来看，辽宁、吉林、安徽、福建、江西、陕西和新疆等多个省（自治区）基本按照税额标准最低限征收，即每污染当量分别征收 1.2 元和 1.4 元。北京、天津、河北等地税率较高，如北京按照税额标准最高限征收；河北将环境保护税主要大气污染物和主要水污染物税额按地域分为 3 档，最高档大气污染物每污染当量征收 9.6 元，水污染物每污染当量征收 11.2 元。此外，辽宁、云南、上海设立了过渡期税额，河北、江苏分区域设置了不同的税额。

5. 征收机关

排污费由环保部门征收，改征环境保护税后，将由税务机关按照税收征管法的规定征收管理，增强了执法的规范性、刚性。同时，考虑到征收环境保护税对污染物排放监测的专业技术要求较高，离不开环保部门的配合。《中华人民共和国环境保护税法》确定了"企业申报、税务征收、环保协同、信息共享"的征管模式，即纳税人应当依法如实办理纳税申报，对申报的真实性和完整性承担责任；税务机关依法征收管理，环保部门负责依法对污染物监测管理；环保部门与税务机关须建立涉税信息共享平台和工作配合机制，定期交换有关纳税信息资料。这一征管模式突出了纳税人自主如实申报纳税的义务，明确了税务机关征税的主体责任，并要求环保部门对排污征税提供信息核查，配合做好税务征管工作。

6. 申报周期和期限

环境保护税按月计算，按季申报缴纳。不能按固定期限计算缴纳的，可以按次申报缴纳。

纳税人按季申报缴纳的，应当自季度终了之日起十五日内，向税务机关办理纳税申报并缴纳税款。纳税人按次申报缴纳的，应当自纳税义务发生之日起十五日内，向税务机关办理纳税申报并缴纳税款。

7. 环境保护税归属

根据《中华人民共和国环境保护税法》的规定，在中华人民共和国领域和中华人民共和国管辖的其他海域，直接向环境排放应税污染物的企业事业单位和其他生产经营者为环境保护税的纳税人，应当依法缴纳环境保护税。为促进各地保护和改善环境、增加环境保护投入，国务院决定，环境保护税全部作为地方收入。

8. 税务机关和环境保护主管部门的职责

税务机关依照《中华人民共和国税收征收管理法》和《中华人民共和国税法》的有关规定征收管理环境保护税。环境保护主管部门依照《中华人民共和国税法》和有关环境保护法律法规的规定负责对污染物的监测管理。

9. 环境保护主管部门和税务机关的协作

环境保护主管部门和税务机关建立涉税信息共享平台和工作配合机制。环境保护主管部门将排污单位的排污许可、污染物排放数据、环境违法和受行政处罚情况等环境保护相关信息，定期交送税务机关。税务机关将纳税人的纳税申报、税款入库、减免税额、欠缴税款以及风险疑点等环境保护税涉税信息，定期交送环境保护主管部门。

二、不征、免征、减征环境保护税的情形

（一）不需缴纳环境保护税的纳税人

向依法设立的污水集中处理、生活垃圾集中处理场所排放应税污染物的，在符合国家和地方环境保护标准的设施、场所贮存或者处置固体废物的，不属于直接向环境排放污染物，不用缴纳环境保护税。

【注意】《中华人民共和国环境保护税法》第五条规定："依法设立的城乡污水集中处理、生活垃圾集中处理场所超过国家和地方规定的排放标准向环境排放应税污染物的，应当缴纳环境保护税。企业事业单位和其他生产经营者贮存或者处置固体废物不符合国家和地方环境保护标准的，应当缴纳环境保护税。"

（二）可免征环境保护税的纳税人

《中华人民共和国环境保护税法》第十二条规定："下列情形，暂予免征环境保护税：

（一）农业生产（不包括规模化养殖）排放应税污染物的；

（二）机动车、铁路机车、非道路移动机械、船舶和航空器等流动污染源排放应税污染物的；

（三）依法设立的城乡污水集中处理、生活垃圾集中处理场所排放相应应税污染物，不超过国家和地方规定的排放标准的；

（四）纳税人综合利用的固体废物，符合国家和地方环境保护标准的；

（五）国务院批准免税的其他情形。

前款第五项免税规定，由国务院报全国人民代表大会常务委员会备案。"

（三）可减征环境保护税的纳税人

（1）纳税人排放应税大气污染物或者水污染物的浓度值低于国家和地方规定的污染物排放标准百分之三十的，减按百分之七十五征收环境保护税；

（2）纳税人排放应税大气污染物或者水污染物的浓度值低于国家和地方规定的污染物排放标准百分之五十的，减按百分之五十征收环境保护税。

三、环境保护税征收流程

与其他税种的征收管理一样，环境保护税的税收程序和法律制度适用《中华人民共和国税收征收管理法》及其实施细则的有关规定。环境保护税因其计税依据确定的专业性，征收管理格外依赖税务与环保部门的协作，因而《中华人民共和国环境保护税法》和《中华人民

共和国环境保护税法实施条例》在《中华人民共和国税收征收管理法》之外也创设了不少特殊规则，具体步骤如下：

（1）纳税人自行申报缴纳；

（2）税务机关将纳税人的纳税申报数据资料与环境保护主管部门交送的相关数据资料进行比对；

（3）税务机关发现纳税人的纳税申报数据资料异常或者纳税人未按照规定期限办理纳税申报的，可以提请环境保护主管部门进行复核，环境保护主管部门自收到税务机关的数据资料之日起十五日内向税务机关出具复核意见；

（4）税务机关按照环境保护主管部门复核的数据资料调整纳税人的应纳税额。

第五节
现场检查制度

一、现场检查制度的概念

现场检查制度，是指县级以上人民政府环境保护行政主管部门和其他依照法律规定行使环境监督管理的部门，对其管辖范围内排放污染物的企业事业单位和其他生产经营者遵守环境保护法律法规和规章而直接进入现场进行检查的一种行政执法活动。现场检查制度的执法主体只能由负有环境保护监督管理职责的行政部门或者经环境保护主管部门委托的环境监察机构执行；不需要被检查单位同意，具有强制性；现场检查有一定的随机性，有关执法主体可以随时检查；现场检查的范围和内容应当于法有据，不能任意检查。

二、现场检查制度的内容

(一)现场检查的主体

（1）县级以上人民政府环境保护主管部门。

（2）环境保护主管部门委托的环境监察机构。环境保护主管部门委托的环境监察机构行使环境监督管理职权时，不论环境监察机构的性质如何，它依据委托行使职权的性质属于行政执法性质。

（3）其他负有环境保护监督管理职责的部门。主要是指依照法律法规履行环境保护监督管理职责的各级公安、交通、铁道、渔业、林业、国土等部门。

（二）现场检查的对象

现场检查的对象是现场检查主体管辖范围内排放污染物的企业事业单位和其他生产经营者。

（三）现场检查的程序

1. 检查前的准备

检查前的准备工作，应当明确检查的目的和任务，确定检查的内容，选择检查的适当方式，提出检查项目及有关要求等。

2. 进行现场检查

检查人员进入现场，必须佩戴标志，身着制服，向被检查者明示身份，并出示由法定部门签发的检查证件。检查人员进入现场后，对有关事项逐一进行检查，并提出要求。在检查过程中，检查人员应为 2 人以上，被检查方也应派人负责提供情况，检查人员应当做好笔录，以便研究、总结。

3. 总结、归档

（四）现场检查部门和被检查者的义务

（1）现场检查部门只能对其管辖范围内的单位和个人进行检查，而不能对其管辖范围以外的单位和个人进行现场检查。与污染物排放无关的单位和个人，也不能对其进行现场检查。

（2）现场检查部门有义务为被检查单位保守行业秘密。

（3）被检查单位应当如实反映情况，提供所需的资料，不得拒绝。

案例分析题

2018 年 6 月 8 日，某县环境保护局一位执法人员无着制式服装，无悬挂工作牌，未出示工作证，到刘某家的豆腐加工厂进行现场检查，因未找到人，便到其经营的豆腐摊前，认定刘某不配合检查工作，要进行处罚。

问题：请分析此案中不符合现场检查程序的情形。

第六节
突发环境事件应急预案制度

突发环境事件，是指突然发生，造成或者可能造成重大人员伤亡、重大财产损失和对全国或者某一地区的经济和社会稳定、政治安定构成重大威胁和损害，有重大社会影响的涉及公共安全的环境事件。这类事件的主要特征是发生的突然性、形式的多样性、危害的严重性、处理处置的艰巨性。突发环境事件应急预案制度，是指为了及时应对突发环境事件，由政府事先编制突发环境事件的应急预案，在发生或者可能发生突发环境事件时，启动该应急预案以最大限度地预防和减少其可能造成的危害等法律规定的总称。

建立突发环境事件应急机制，有利于预防突发环境事件的产生。突发环境事件应急预案制度，要求对突发环境事件隐患进行调查、登记，建立存在潜在性突发环境事件的企业档案，加强管理，定期检查，对安全措施不落实的企业单位责令其停产整顿或者限期整改，消除不安全因素，从而做好源头控制，防患于未然。

建立突发环境事件应急机制，有利于提高政府对突发环境事件的处理能力，恢复社会稳定以及公众对政府的信任。面对突发环境事件，需要有特定的政府机构利用应急机制进行有效的协调、统一指挥，从而力争将危害降到最低限度。

一、突发环境事件应急预案制度的建立和完善

1982 年颁布的《中华人民共和国海洋环境保护法》，首次规定了这一制度。1987 年，国家环境保护局颁布的《报告环境污染与破坏事故的暂行办法》对此作了具体的规定。

1989 年公布的《中华人民共和国环境保护法》确认了这一制度。该法第三十一条规定："因发生事故或者其他突然性事件，造成或者可能造成污染事故的单位，必须立即采取措施处理，及时通报可能受到污染危害的单位和居民，并向当地环境保护行政主管部门和有关部门报告，接受调查处理。可能发生重大污染事故的企业事业单位，应当采取措施，加强防范。"

2004 年，《中华人民共和国宪法修正案》中增设了紧急状态下的条款，为规范突发环境事件的应急立法提供了宪法依据。

2006 年，国务院发布了《国家突发环境事件应急预案》，为更好地建立突发环境事件应急机制，并推动其发展提供了制度保障。《中华人民共和国环境保护法》第四十七条规定："各级人民政府及其有关部门和企业事业单位，应当依照《中华人民共和国突发事件应对法》的规定，做好突发环境事件的风险控制、应急准备、应急处置和事后恢复等工作。县级以上人民政府应当建立环境污染公共监测预警机制，组织制定预警方案；环境受到污染，可能影响公众健康和环境安全时，依法及时公布预警信息，启动应急措施。企业事业单位应当按照国家有关规定制定突发环境事件应急预案，报环境保护主管部门和有关部门备案。在发生或者可能发生突发环境事件时，企业事业单位应当立即采取措施处理，及时通报可能受到危害的单位和居民，并向环境保护主管部门和有关部门报告。突发环境事件应急处置工作结束后，有关人民政府应当立即组织评估事件造成的环境影响和损失，并及时将评估结果向社会公布。"

二、突发环境事件应急预案制度的主要内容

突发环境事件应急预案制度的主要内容包括以下几个方面：

（一）突发环境事件的分类

根据突发环境事件的发生过程、性质和机理，突发环境事件主要分为三类：

（1）突发环境污染事件。主要包括流域、水域水环境污染事件；重点城市光化学烟雾污染事件；危险化学品、废弃化学品污染事件等。

（2）生物物种安全环境事件。主要指生物物种受到不当采集、猎杀、走私、非法携带出入境或者合作交换、工程建设危害以及外来入侵物种对生物多样性造成损失和对生态环境造成威胁和危害事件。

（3）辐射环境污染事件。主要包括放射性同位素、放射源、辐射装置、放射性废物辐射污染事件。

根据 2014 年国务院发布的《国家突发环境事件应急预案》的规定，环境污染与破坏事故按其程度可以分为特别重大环境事件、重大环境事件、较大环境事件、一般环境事件。其分级依据主要为直接经济损失、人员伤亡、环境危害等。

（二）突发环境事件管理的运行机制

1. 预警机制

对可以预警的突发环境事件，按照事件发生的可能性大小、紧急程度和可能造成的危害程度，其预警级别可以分为四级，由低到高，颜色依次为蓝色、黄色、橙色、红色。根据事态的发展情况和采取措施的效果，预警级别可以升级、降级或解除。

2. 信息报告

突发环境事件发生后，涉事企业事业单位或其他生产经营者必须采取应对措施，并立即向当地环境保护主管部门和相关部门报告，同时通报可能受到污染危害的单位和居民。因生产安全事故导致突发环境事件的，安全监管等有关部门应当及时通报同级环境保护主管部门。环境保护主管部门通过互联网信息监测、环境污染举报热线等多种渠道，加强对突发环境事件的信息收集，及时掌握突发环境事件的发生情况。

事发地环境保护主管部门接到突发环境事件信息报告或监测到相关信息后，应当立即进行核实，对突发环境事件的性质和类别作出初步认定，依据《突发环境事件信息报告办法》，按照国家规定的时限、程序和要求向上级环境保护主管部门和同级人民政府报告，并通报同级其他相关部门。突发环境事件已经或者可能涉及相邻行政区域的，事发地人民政府或环境保护主管部门应当及时通报相邻行政区域同级人民政府或环境保护主管部门。地方各级人民政府及其环境保护主管部门应当按照有关规定逐级上报，必要时可越级上报。

3. 应急响应机制

根据突发环境事件的严重程度和发展态势，将应急响应设定为Ⅰ级、Ⅱ级、Ⅲ级和Ⅳ级四个等级。初判发生特别重大、重大突发环境事件，分别启动Ⅰ级、Ⅱ级应急响应，由事发地省级人民政府负责应对工作；初判发生较大突发环境事件，启动Ⅲ级应急响应，由事发地设区的市级人民政府负责应对工作；初判发生一般突发环境事件，启动Ⅳ级应急响应，由事发地县级人民政府负责应对工作。突发环境事件发生在易造成重大影响的地区或重要时段时，可适当提高响应级别。应急响应启动后，可视事件损失情况及其发展趋势调整响应级别，避免响应不足或响应过度。

典型案例

2005 年 11 月 13 日 13 时 40 分左右，中石油吉林石化公司 101 双苯厂因当班操作工停车时疏忽大意，未将应关闭的阀门及时关闭，误操作导致进料系统温度超高，长时间后引起爆裂。随之空气被抽入负压操作的 T101 塔，引起 T101 塔、T102 塔发生爆炸，随后致使与 T101 塔、T102 塔相连的两台硝基苯储罐及附属设备相继爆炸。随着爆炸现场火势的增强，引发装置区内的两台硝酸储罐爆炸，并导致与该车间相邻的 55 号罐区内的 1 台硝基苯储罐、两台苯储罐发生燃烧。爆炸引发大火，至 14 日凌晨 4 时，吉林石化公司爆炸现场的大火被全部扑灭。

由于扑火采用了大量的消防水，大量苯类物质尚未燃烧或者燃烧不充分，随着消防用水绕过了专用的污水处理通道，通过排污口直接进入了松花江，从而引起这次污染事故。13 日 16 时 30 分开始，环保部门对吉林石化公司东 10 号线周围及其入江口和吉林市出境断面白旗、松江大桥以下水域及松花江九站断面等水环境进行监测。14 日 10 时，吉林石化公司东 10 号线入江口水样有强烈的苦杏仁气味，苯、苯胺、硝基苯、二甲苯等主要污染物指标均超过国家规定标准，松花江九站断面苯类指标全部检出，以苯、硝基苯为主。事故发生后，为避免中毒，处于工厂下风头的两个居民小区的居民和北华大学北校区、吉林化工学院部分学生共数万人被警方疏散，有关部门迅速封堵了事故污染物排放口。

11 月 14 日，丰满水电站加大放流量，尽快稀释污染物，同时实施生活饮用水源地保护应急措施，组织环保、水利、化工专家参与污染防控。11 月 23 日，国家环境保护总局成立"松花江水污染事件应对处置工作领导小组"，并组成专家组，开赴松花江污染防治前线，制订紧急处置预案。在事故发生地——吉林石化公司东 10 号线入江口至黑龙江省抚远县共布设了 30 个水质监测断面，严密监控污染带的迁移和污染物的降解情况。12 月 13 日，随着松花江水污染特别是硝基苯浓度的大幅度下降，污染控制取得阶段性成果，同时，"松花江水污染事件生态环境影响评估与对策"项目正式启动。12 月 16 日 8 时 30 分，抚远县黑龙江水道引流筑堰工程破土动工。12 月 19 日，松花江同江断面首次硝基苯断面达标。12 月 21 日，黑龙江省环境保护局通报，松花江同江监测断面已持续达标 42 小时，这表明松花江污染带已整体移出松花江。

案例评析

突发环境污染事故，是指突然发生，造成或者可能造成重大人员伤亡、重大财产损失和对全国或者某一地区的经济社会稳定、政治安定构成重大威胁和损害，有重大社会影响的涉及公共安全的环境事故。近年来，随着我国的经济发展，一些突发的环境污染事故也时有发生，给国家财产、人民生命财产安全带来了巨大威胁。为了处理这种突发、危害严重的环境污染事故，我国出台了《国家突发环境事件应急预案》，对突发环境污染事故的处理作出了详细规定。

松花江水污染事件是因吉林石化公司爆炸引起的重大突发环境污染事故。此次事故的处理过程检验了我国环境立法中的应急处理制度，也为我国立法机关进一步改进我国的环境污染事故应急制度积累了宝贵的经验教训。

1. 本案中采取的应急措施

此次松花江水污染事件涉及的相关省、市采取的应急措施如下：

① 吉林、黑龙江省人民政府启动了突发环境事件应急预案，采取措施确保群众饮水安全；

② 面对这一突发的公共事件——停水危机，黑龙江省启动供水、停水期间水质安全保障应急方案；

③ 吉林省有关部门迅速封堵了事故污染物排放口；加大丰满水电站的放流量，尽快稀释污染物；实施生物饮用水源地保护应急措施，组织环保、水利、化工专家参与污染防控；

④ 沿江设置多个监测点位，增加监测频次，有关部门随时沟通监测信息，协调做好流域防控工作；

⑤ 黑龙江省财政部门专门安排1000万元资金专项用于污染事件应急处理。

虽然经上述紧急应对，水中污染物浓度达到国家标准，但是，就目前来看，此次松花江水污染事件至少留下了五个后遗症：

第一，硝基苯将在污泥中留下沉淀；

第二，硝基苯可能继续沉淀，进而污染地下水；

第三，硝基苯沉淀将被松花江中的水生动植物吸收一部分；

第四，含有硝基苯的松花江水，将来肯定用来进行农业灌溉，这会带来难以估测的后果；

第五，有大量的牲畜饮用松花江水，这将给畜牧业带来难以估测的后果。

2. 对本案的反思

首先，本案凸现了突发环境污染事件处理中国家应急预案与预警系统存在的严重缺陷。应急预案，是针对可能发生的重大事故（件）或灾害，为保证迅速、有序、有效地开展应急与救援行动、降低事故损失而预先制订的有关计划或方案。近年来，随着我国国民经济的快速增长，所面临的风险也日益增加。火灾、爆炸、毒物泄漏、高楼坍塌、交通事故等发生和生活中人为因素造成的各类安全问题和事故风险日益突出。以往无数的事故教训表明，尽管事故是不可避免的，但是，如果制订了有效的应急预案，能及时组织应急救援，可极大地降低事故后果的严重程度。在完全有准备的条件下，甚至可以将事故消灭在发生的初始阶段，从而最大限度地减少人员的伤亡、财产损失及对环境的破坏。

其次，此次吉林石化公司爆炸事件，事前如果有充分严密的预案，这一泄漏事故本来可以避免。在扑灭化工类事故时，须建立围堤，先对污水进行围堵，加以中和并进行无害化处理后才能排放，不能直接排入市政污水。通过此次松花江水污染事件，至少说明在处理吉林石化公司爆炸事件时缺乏合理的、科学的应急预案。爆炸事故发生时，只有应急，即将消防人员请来灭火，但并未启动科学的应急预案。因此，应组建与完善突发环境污染事故的监测和预警系统，建立突发环境事件的预测、预报、预警制度。

最后，此次松花江水污染事件是重大的环境污染事故，需要从中央到地方、从环保部门到有关各部门协调一致的行动。但是，在实际处理过程中，各部门之间的协调存在脱节现象。例如，为了稀释受污染水体，需加大上游水库的下泄流量，以便加快污染水团的下行速度，但掌握放流应有水利部及松辽水利委员会的协作。遗憾的是，水利部在事件发生之初竟毫不知情。类似环境事件在中国很难完全避免，将来可能还会发生。所以，此次污染事故在应对、清污和问责后，其处置过程中的经验教训应成为以后处理类似事故的借鉴。

案例分析题

某油田江河采油厂的水污染物处理设施已使用多年并老化，在使用过程中经常出现问题，总是需要技术人员进行维修。江河采油厂认为既费时又费钱，与其这样还不如不用。于是，江河采油厂为减少麻烦，决定不再使用水污染物处理设施。3月2日，江河环境保护局进行例行抽样检测，发现江河采油厂排污虽未超标，但其没有使用水污染物处理设施，应对其进行行政处罚。因此，江河环境保护局于3月6日对江河采油厂作出行政处罚：责令其恢复水污染物处理设施正常使用，并处以600元罚款。江河采油厂不服，向上一级环境保护局提起行政复议。

在行政复议期间，江河采油厂由于管理不善，于4月3日发生原油泄漏事故。6吨多原油及污水排放到厂区外，严重污染了周围土壤、水体、牧草。周围群众发现此事，未见江河环境保护局前来调查，却发现江河采油厂采取推土掩埋的方法处理污染现场，于是向江河环境保护局举报此事。江河环境保护局于4月20日立案，4月21日派工作人员到现场进行调查，发现江河采油厂周围被新土掩盖，经检测，被掩盖的土壤、水体、牧草均被污染。江河环境保护局认为，江河采油厂在污染事故发生后，擅自处理污染现场，隐瞒事故真相，于是对江河采油厂作出行政处罚：罚款1万元。

问题：请分析江河采油厂以及江河环境保护局的行为。

第七节
环境信息公开制度

环境信息公开，是指由特定主体依法发布相关环境信息的行为。依据《环境信息公开办法（试行）》的规定，需要公开的环境信息，包括政府环境信息和企业环境信息。环境信息公开制度，是指有关环境信息公开的主体、范围、公开方式和程序、监督与责任等法律规定的总称。

环境信息公开制度是维护公众参与环境保护的必然要求。《中华人民共和国环境保护法》第五十三条第一款规定："公民、法人和其他组织依法享有获取环境信息、参与和监督环境保护的权利。"环境信息公开，是实现公众获取环境信息、参与和监督环境保护工作的基础和前提，如果政府不公开环境信息，公众参与环境保护工作就可能流于形式、走过场。环境信息公开制度是保障政府实现环境监督管理权的需要，是保障公众环境知情权的需要，也是公众实现环境监督权和保护社会公共利益的需求。

一、环境信息公开制度的产生和发展

1991 年，德国颁布《环境信息法》，对环境信息公开的范围、义务主体、申请程序、时限、经费、不公开的例外情形等作了规定。美国将环境信息公开制度融入主要的环境法中，如《清洁空气法》《清洁水法》设定了企业间环境主管机关报告环境行为信息的义务。墨西哥《生态平衡和环境保护基本法》规定："所有人都有权享受一个健康的环境，并无条件获取保障其生活环境的任何环境信息。"

2005 年，国务院发布《关于落实科学发展观加强环境保护的决定》（国发〔2005〕39号）规定了实行环境质量报告制度，定期公布有关环境保护指标，发布城市空气质量生态状况评价等环境信息，及时发布污染事故信息，为公众参与创造条件。2006 年，国家环境保护总局发布《环境影响评价公众参与暂行办法》设专节规定公开环境信息。《中华人民共和国环境保护法》明确规定了环境信息公开制度，并将公开的内容作了较大扩展。

二、环境信息公开制度的主要内容

（一）环境信息公开的管理体制

国务院环境保护主管部门统一发布国家环境质量、重点污染源监测信息及其他重大环境信息。省级以上人民政府环境保护主管部门定期发布环境状况公报。县级以上人民政府环境保护主管部门和其他负有环境保护监督管理职责的部门，应当依法公开环境质量、环境监测、突发环境事件以及环境行政许可、行政处罚、排污费的征收和使用情况等信息。县级以上地方人民政府环境保护主管部门和其他负有环境保护监督管理职责的部门，应当将企业事业单位和其他生产经营者的环境违法信息记入社会诚信档案，及时向社会公布违法者名单。

（二）环境信息公开的主体

根据《中华人民共和国环境保护法》第五十四条的规定，政府环境信息公开的主体包括国务院环境保护主管部门和县级以上人民政府环境保护主管部门和其他负有环境保护监督管理职责的部门，如水利部门、农业部门、林业部门、公安部门、交通运输部门、国土资源部门等。

根据《中华人民共和国环境保护法》第五十五条的规定，重点排污单位是企业环境信息公开的实施主体，即所有重点排污单位都应当依法主动公开本企业的相关环境信息，接受社会监督，这是法定义务，必须履行。《中华人民共和国环境保护法》将企业环境信息公开的主体规定为重点排污单位，有以下四方面的原因：

一是对象更为明确，各地都有重点排污单位的名单；

二是对象范围更宽，扩大了公开的范围；

三是更易操作，重点排污单位需要安装使用监测设备，可以取得相关的排污数据；

四是对于超标排放的排污信息予以公开，将其纳入有关政府环境信息公开的范围。

（三）环境信息公开的内容

《中华人民共和国环境保护法》要求政府不仅公开环境保护主管部门的环境信息，还要求其公开负有环境保护监督管理职责部门的环境信息，具体包括国家环境质量信息、环境状况公报、重点污染源监测信息、排污费征收和使用情况、环境行政许可、环境处罚、突发环境事件等信息。

《环境信息公开办法（试行）》第十九条规定，国家鼓励企业自愿公开下列企业环境信息：

（1）企业环境保护方针、年度环境保护目标及成效；

（2）企业年度资源消耗总量；

（3）企业环保投资和环境技术开发情况；

（4）企业排放污染物种类、数量、浓度和去向；

（5）企业环保设施的建设和运行情况；

（6）企业在生产过程中产生的废物的处理、处置情况，废弃产品的回收、综合利用情况；

（7）与环保部门签订的改善环境行为的自愿协议；

（8）企业履行社会责任的情况；

（9）企业自愿公开的其他环境信息。

《环境信息公开办法（试行）》第二十条规定，污染物排放超过国家或者地方排放标准，或者污染物排放总量超过地方人民政府核定的排放总量控制指标的污染严重的企业，应当向社会公开下列信息：

（1）企业名称、地址、法定代表人；

（2）主要污染物的名称、排放方式、排放浓度和总量、超标、超总量情况；

（3）企业环保设施的建设和运行情况；

（4）环境污染事故应急预案。

企业不得以保守商业秘密为借口，拒绝公开上述环境信息。

典型案例

中华环保联合会诉贵州省贵阳市××县环境保护局环境信息公开案

2011 年 10 月，中华环保联合会向贵州省清镇市人民法院环保法庭提起环境公益诉讼，起诉贵州好一多乳业股份有限公司超标排放工业废水，基于案件的需要，需调取好一多公司的相关环保资料。中华环保联合会便向贵州省贵阳市××县环境保护局提出申请，要求贵州省贵阳市××县环境保护局向其公开好一多公司的环境影响评价报告、环保设施竣工验收资料、排污许可证、排污费征收等有关环境信息。贵州省贵阳市××县环境保护局在法定期限内既未公开上述信息，也未对中华环保联合会的申请给予答复。这违反了国务院《政府信息公开条例》和环境保护部《环境信息公开办法（试行）》的规定，故中华环保联合会向人民法院提起行政公益诉讼，要求判决贵州省贵阳市××县环境保护局对中华环保联合会的政府信息公开申请予以答复，并向中华环保联合会公开相关信息。

对此，贵州省贵阳市××县环境保护局辩称：

（1）中华环保联合会确实于 2011 年 10 月 28 日以邮政特快专递的方式提交了政府信息公开申请，但申请表未附中华环保联合会机构代码证等主体材料，也未明确需要好一多三个基地中具体哪一家基地的信息，其申请公开的信息内容不明确；

（2）中华环保联合会要求公开信息的形式不具体、不清楚；

（3）中华环保联合会获取信息的方式不明确；

（4）中华环保联合会申请信息公开时未提供相关的检索、复制、邮寄等成本费用，且贵州省贵阳市××县环境保护局已于 2011 年 10 月 31 日电话告知中华环保联合会的联系人宋某，要求中华环保联合会对申请公开的信息内容进行补充说明，以便贵州省贵阳市××县环境保护局履行信息公开的职责。故中华环保联合会诉被告不履行政府信息公开法定职责没有事实依据和法律依据。

贵州省清镇市人民法院经审理认为：

原告中华环保联合会所申请的好一多公司的环境信息资料并非相关法律法规所禁止公开的内容，被告贵州省贵阳市××县环境保护局未向原告公开其所需信息的行为违反法律法规的规定。

原告中华环保联合会为环境公益诉讼案件的需要，向被告贵州省贵阳市××县环境保护局通过邮政特快专递的方式提出了环境信息公开的书面申请，并在申请书中载明了申请人的单位名称、联系方式、申请公开的具体内容、获取信息的方式等，其申请环境信息的内容不涉及国家秘密、商业秘密、个人隐私，属于法定可以公开的政府环境信息，申请环境信息的程序亦符合《中华人民共和国政府信息公开条例》第二十条、《环境信息公开办法（试行）》第十六条的规定。

关于被告贵州省贵阳市××县环境保护局认为原告中华环保联合会在提交政府信息公开申请时，应同时附上原告的身份证明的意见，因原告在信息公开申请表中已正确填写了单位名称、住所地、联系人及电话并加盖了公章，而《中华人民共和国政府信息公开条例》第二十条明确规定，政府信息公开申请应当包括"（一）申请人的姓名或者名称、联系方式；（二）申请公开的政府信息的内容描述；（三）申请公开的政府信息的形式要求"，其中并没有强制要求申请人提供身份证明，故被告所称在提交政府信息公开申请时应同时附上原告身份证明的意见没有法律依据。

关于被告贵州省贵阳市××县环境保护局认为好一多公司在××县有三个基地，原告中华环保联合会未明确申请公开哪一个基地的环境信息，即原告所申请的内容不明确的意见，根据《中华人民共和国政府信息公开条例》第二十一条的规定，对于申请内容不明确的，行政机关应当告知申请人作出更改、补充。在本案中，原告在申请表中已经明确提出需要贵州好一多乳业股份有限公司的排污许可证、排污口数量和位置、排放污染物种类和数量情况、经环保部门确定的排污费标准、经环保部门监测所反映的情况及处罚情况、环境影响评价文件及批复文件，其申请内容的表述是明确具体的，至于好一多公司在××县有几个基地，并不妨碍被告公开信息，被告应就其手中掌握的所有涉及好一多公司的相关环境信息向原告公开。另外，《贵州省政府信息公开暂行规定》第二十四条规定，"行政机关对申请公开的政府信息，根据下列情况分别作出答复：（六）申请内容不明确或申请书形式要件不齐备的，行政机关应当出具《补正申请告知书》，一次性告知申请人作出更正、补充"，即便被告认为原告申请内容不明确，也应当按该规定向原告发出《补正申请告知书》，一次性告知申请人作出更正、补充，而被告显然没有按规定办理。故被告以申请内容不明确为由不公开信息，不符合法律规定。同时，按照《中华人民共和国政府信息公开条例》第二十四条第二款、《环境信息公开办法（试行）》第十八条的规定，被告显然在法定期限内没有履行其答复义务，故被告不予答复申请的行为违反法律法规的规定。

关于被告贵州省贵阳市××县环境保护局认为原告中华环保联合会申请信息公开时，未提供相关检索、复制、邮寄等成本费用的意见，根据《贵州省政府信息公开暂行规定》第二十六条规定，行政机关依申请提供政府信息，可以收取实际发生的检索、复制、邮寄等成本费用，但被告并未向原告提出收费要求，原告也未向被告明示不支付相关费用，故被告以此为由不公开环境信息不符合法律规定。

第八节
环境公益诉讼制度

环境公益诉讼，是指依法对污染环境、破坏生态而损害社会公共利益的行为，特定的社会组织有权向人民法院起诉，由人民法院追究违法者法律责任的活动。所谓特定的社会组织，在我国是指依法在设区的市级以上人民政府民政部门登记的专门从事环境保护公益活动连续五年以上且无违法记录的社会组织。

环境公益诉讼的目的是维护环境公共利益，而非私益诉讼中的私权。环境公益的侵害不需要现实发生，只要根据有关情况合理判断其具有发生侵害的可能性，就可以提起诉讼。

一、环境公益诉讼制度的产生和发展

1970 年，美国公布的《清洁空气法》是最早规定环境公益诉讼的法律。《中华人民共和国宪法》第二十八条规定："国家保护和改善生活环境和生态环境，防治污染和其他公害。国家组织和鼓励植树造林，保护林木。"《中华人民共和国环境保护法》中也增加了环境公益诉讼的规定。

二、环境公益诉讼制度的主要内容

（一）环境公益诉讼的原告资格

《中华人民共和国环境保护法》第五十八条规定：对污染环境、破坏生态，损害社会公共利益的行为，符合下列条件的社会组织可以向人民法院提起诉讼：

（1）依法在设区的市级以上人民政府民政部门登记；

（2）专门从事环境保护公益活动连续五年以上且无违法记录。

提起诉讼的社会组织不得通过诉讼牟取经济利益。

（二）环境公益诉讼的被告

《中华人民共和国环境保护法》规定，对污染环境、破坏生态，损害社会公共利益的行为，法律规定的社会组织可以向人民法院提起诉讼。该行为一般为在建设和生产经营活动的行为，行为主体主要是企业事业单位或者其他生产经营者。另外，地方人民政府及其有关部门的行为直接导致污染环境、破坏生态，损害社会公共利益的，也可以对其提起诉讼。

（三）社会公益性组织提出诉讼请求的责任承担方式

《中华人民共和国侵权责任法》第十五条规定的承担侵权责任的方式也适用于环境公益诉讼，主要有停止侵害、排除妨碍、消除危险、恢复原状、赔偿损失、赔礼道歉。

关键词

环境影响评价制度、排污许可制度、环境保护税制度、现场检查制度、环境公益诉讼制度、突发环境事件应急预案制度、环境信息公开制度。

小　结

本章介绍了中国现行环境法基本制度的概念，详细介绍了环境影响评价制度、排污许可制度、环境保护税制度等各项制度的内涵及其主要内容。

思考题

1. 如何看待《中华人民共和国环境影响评价法》中体现的"公众参与原则"？
2. 简述"三同时"制度的主要内容。它与环境影响评价制度有何关系？
3. 什么是突发环境事件应急预案制度？它有何作用？
4. 什么是环境信息公开制度？它有何意义？
5. 什么是环境公益诉讼？环境公益诉讼的目的是什么？

案例分析题

贵州××北京烤鸭店有限公司（以下简称"××公司"）是贵阳铁路分局直属贸易公司与香港某有限公司举办的中外合资企业。该公司新建贵州××北京烤鸭店项目填写了建设项目环境保护申报表，贵州省环境保护局对该建设项目提出了环境保护规定的要求。按规定，该公司应将建设项目的初步设计报省环境保护局审定批准，但该公司的建设项目环保设计未经省环境保护局审批便擅自施工，竣工后未经省环境保护局验收合格便投入生产。由于该公司修建的烤鸭店地处居民稠密区，其熏烤北京烤鸭和烹饪作业均在六层居民住宅的底层进行，加之使用果木柴熏烤鸭并用柴油作为烹饪的燃料，致使烤鸭炉及厨房产生的油烟气、噪声、热污染及生活污水对周围环境造成严重的污染和危害，群众反映极为强烈。贵州省环境保护局对该公司实施的环境违法行为提出了处理意见，该公司虽然在治理环境污染方面做了一定工作，但尚未根治严重的环境污染问题。贵州省环境保护局对该公司作出处罚决定：

① 处以罚款1万元人民币；
② 责令烤鸭炉必须搬迁；
③ 责令该公司停止使用柴油作为燃料。

问题：请用所学的环境法基本制度的原理分析此案。

第四章 环境行政责任

▶▶ 本章导读

掌握环境行政责任的构成要件，熟悉环境行政复议和行政处分的区别及环境行政处罚的程序。

第一节
环境行政责任概述

一、环境行政责任的概念

环境行政责任是行政责任的一种。环境行政责任，是指违反环境保护法，实施了破坏或者污染环境行为的单位或者个人应该承担的行政方面的法律责任。

环境行政责任承担者，既包括环境行政机关及其工作人员、授权或委托的社会组织及其工作人员在行政管理中因违法失职、滥用职权或行政不当而产生的行政责任，也包括公民、法人或者其他社会组织等行政相对人违反行政法律产生的行政责任。

环境行政责任是一种否定性的法律后果，是行为人违反环境行政法律规范，或者因不履行环境行政法律规范所设定的义务或滥用权力或权利，所应承担的否定性的法律后果。

二、环境行政责任的构成要件

行政责任的构成要件是指依法追究行政责任时，违法者必须具备的法定条件。

具体来说，环境行政责任的构成要件有以下四方面：

（一）行为人的违法行为

环境违法行为，是指行为人实施了环境法律法规禁止的行为或违反了环境法律规定的义务。例如，《中华人民共和国环境保护法》第六十条规定的超过排放标准排放污染物，第六十二条规定的不公开或者不如实公开环境信息等，其他环境保护法律法规中规定的一些禁止性行为和义务。

（二）行为人的主观过错

过错，是指行为人实施破坏或者污染环境违法行为时的心理状态，分为故意与过失两种。故意，是指行为人明知自己的行为会造成破坏或者污染环境的危害后果，而希望或者放任这种危害后果的发生。过失，是指行为人应预见自己的行为可能发生破坏或者污染环境的危害后果，因为疏忽大意而没有预见，或者已经预见而轻信可以避免，以致发生这种危害后果的心理状态。

（三）行为的危害后果

行为的危害后果，是指违法行为造成了破坏或者污染环境、损害人体健康、农作物死亡等后果。例如，采伐林木者未按照规定完成更新造林任务，造成水土流失；排污单位擅自闲置防污设施，造成农作物或者鱼类死亡等。行为的危害后果是是否承担环境行政责任的条件，应具体情况具体分析。《中华人民共和国环境保护法》和环境保护单行法的许多行政责任规范中，并未将危害后果规定为承担行政责任的必要条件，如《中华人民共和国环境保护法》第六十条、第六十一条、第六十二条的规定，即使未造成危害后果，也应追究其行政责任，给予相应的行政制裁。

《中华人民共和国海洋环境保护法》第八十六条规定："将中华人民共和国境外废弃物运进中华人民共和国管辖海域倾倒的，由国家海洋行政主管部门予以警告，并根据造成或者可能造成的危害后果，处十万元以上一百万元以下的罚款。"这是对于可能造成危害后果的行为进行处罚的规定。

（四）违法行为与危害后果之间的因果关系

违法行为与危害后果之间的因果关系，即违法行为与破坏环境、污染环境危害后果之间存在内在的、必然的因果关系。既然危害后果并不是构成环境行政责任的必要条件，相应的因果关系也是"选择性条件"。

在环境行政执法实践中掌握危害后果及因果关系非常复杂。环境危害后果有特殊性，危害后果既可以是直接的又可以是间接的，既可以是有形的也可以是无形的，等等。所以，在确定因果关系时，就应考虑是直接因果关系还是间接因果关系。对间接的、潜在的、无形的危害后果的认定相当困难，既需要科学的手段，又需要掌握该手段的专门机构与专门人才。确定行政责任构成要件中的因果关系，必须坚持直接的因果关系，不适用环境污染赔偿责任中的因果关系推定原则。在不以危害后果为行政责任构成要件的场合，则不需要确认因果关系的问题。

案例分析题

某河面出现了一条数公里长的污染带，上面漂浮大量白沫。环保部门经调查发现，是某纸业公司将大量未经处理的造纸废水与处理后的废水混合后排入江中。环保部门对采样过程及该纸业公司两条排水沟排放大量未经处理的造纸废水的事实进行了公证。环保部门认为，该纸业公司存在故意不正常使用污水处理设施和恶意偷排污水的事实，对其进行行政处罚10万元，责令其封死排水沟，保障污水处理设施正常运转。该纸业公司申请进行处罚听证。由于环保局采取公证取证的办法，该纸业公司对排放未经处理的废水及《水质监测报告单》废水超标的事实没有异议，但提出当时连降大雨，造成污水处理池中水量增多而导致废水外排，应属于不可抗力，并非故意不正常使用污水处理设施。环境执法人员认为，气象部门对降雨早有预报，该纸业公司知道污水处理设施的设计要求无法满足生产需要，应采取限产或停产措施。但该纸业公司"明知将未经处理的污水从处理设施的中间工序引出直接排入环境"可能造成污染后果，为节省运行成本，放任污染发生，因而构成"故意"违法。同时，在污染事故发生后，该纸业公司既未进行通报也未采取任何措施，而是任由污染产生，因此应当承担行政处罚的法律责任。

问题：该纸业公司的行为应当认定为故意还是过失？

案例分析题

××化工厂和××造纸厂分别位于同一条河的两岸，都向该河排放废水。由于两厂排放的工业废水都是经过处理的，所以，两厂排放的工业废水都是符合标准的。2017年夏，当地降雨少，河水水位下降，使得河水的净化能力明显减弱，由于河水流量不足，致使河水不能充分稀释两厂排放的废水。沿河居住的张某引河水入鱼塘养鱼，造成大量鱼和鱼苗死亡，直接经济损失达13万元之多。为此，张某向市环境保护局反映，要求××化工厂和××造纸厂对其的经济损失负责。环境保护局对本案中的两家企业分别给予罚款5000元的行政处罚。

问题：环境保护局对这两家企业处以罚款并要求其承担行政责任的做法是否正确？

第二节
环境行政处罚

行为人的行为符合环境行政责任的构成要件，则需要被追究环境行政责任。环境行政责任的承担方式包括环境行政处罚和环境行政处分两种。

一、环境行政处罚的概念、特征和种类

（一）环境行政处罚的概念

环境行政处罚，是指环境保护监管部门对违反环境保护法破坏或者污染环境而又不够刑事处罚的单位或个人实施的一种行政制裁。环境行政处罚是承担环境行政责任的一种方式，是行政处罚在环境保护领域的具体体现。环境保护监督管理部门，是指《中华人民共和国环

境保护法》所规定的县级以上人民政府环境保护主管部门和其他依照法律规定行使环境保护监督管理权的部门。其中，对环境污染防治实施监督管理的有海洋、海事、港监、公安、交通、铁道、民航管理部门；对自然资源保护实施监督管理的有县级以上人民政府的土地、矿产、林业、农业、渔业、水利行政主管部门。根据《中华人民共和国环境保护法》第六十条的规定，在某些环境保护违法行为中，县级以上人民政府行使行政处罚权。

（二）环境行政处罚的特征

（1）环境行政处罚的主体是依照法律、法规授权，享有环境行政处罚权的行政机关。另外，根据《中华人民共和国行政处罚法》的规定，环境行政机关可以依据法律、法规或者规章的规定，授权具有管理公共事务职能的组织或者委托符合法定条件的组织实施行政处罚权，法定授权机关、被环境保护行政机关授权或委托的组织都必须在授权范围内行使行政处罚权，否则，构成行政越权，其行政行为无效。

（2）环境行政处罚的对象是环境行政相对人中的违法者，即因破坏或者污染环境而违反环境保护法律法规应受行政处罚的单位或个人。

（3）环境行政处罚在性质上属于一种法律制裁，是对违法者的惩戒，目的在于使其今后不得重犯。环境行政处罚是因个人、组织不履行法定义务，或不正当行使权利，环境行政机关依法命其承担新的义务或使其权利受到相应损害。因此，环境行政处罚以惩戒而不以实现义务为目的。

（4）环境行政处罚具有时效性。《中华人民共和国行政处罚法》规定，违法行为在二年内未被发现的，不再给予行政处罚，法律另有规定的除外。二年的期限，从违法行为发生之日起计算；违法行为有连续或者继续状态的，从行为终了之日起计算。可见，包括环境行政处罚在内的所有行政处罚，时效为二年，二年之后即使发现了违法行为，也不得给予行政处罚。

（三）环境行政处罚的种类

为了规范和统一环境行政处罚的种类，《环境行政处罚办法》规定了八种环境行政处罚的种类，即警告，罚款，责令停产整顿，责令停产、停业、关闭，暂扣、吊销许可证或者其他具有许可性质的证件，没收违法所得、没收非法财物，行政拘留以及法律、行政法规设定的其他行政处罚种类。

1. 警告

警告是精神罚的一种，是指环境行政机关通过对有违法行为的公民、法人或者其他组织进行批评、告诫和谴责，以对其名誉造成一定损害实现惩戒目的。警告是指对违法者予以告诫和谴责，申明其行为已经构成违法，要求其以后不再重犯。警告是以影响行为人的声誉为内容的处罚，它不涉及行为人的财产权利、行为能力和人身自由，因而与其他种类的行政处罚相区别。警告一般适用于情节比较轻微的违法行为，惩罚的程度比较轻，而且其制裁作用对物质生活水平不同的违法者是不同的。正如美国学者詹姆斯·科尔曼所说，"有损社会声望的惩处对处于社会底层的人影响不大"，相反，对于富人而言，则是相当严厉的处罚。实施警告处罚必须作出书面决定，口头警告只能被认定为一种批评教育的方式，不能认定为行政处罚。

2. 罚款

罚款，是环境保护监督管理部门依法强令违法者向国家缴纳一定数额的金钱。罚款通过剥夺违法行为人经济上的既得利益，使其财产受到货币上的损失来实现惩戒目的。罚款属于财产性处罚，是适用最普遍的环境行政处罚的种类。对于罚款的数额，一般法律会作出限制，环境行政机关只能在法定范围内依自由裁量权作出罚款处罚。

《中华人民共和国环境保护法》增设了按日连续处罚的行政处罚形式。《中华人民共和国环境保护法》第五十九条第一款规定："企业事业单位和其他生产经营者违法排放污染物，受到罚款处罚，被责令改正，拒不改正的，依法作出处罚决定的行政机关可以自责令改正之日的次日起，按照原处罚数额按日连续处罚。"

3. 责令停产整顿

责令停产整顿，是行政机关责令违法行为人停止正常生产进行整顿的一种行政处罚形式。通过整顿更正违法行为，通过停产影响企业的经济效益，以实现惩戒目的。《中华人民共和国环境保护法》第六十条规定："企业事业单位和其他生产经营者超过污染物排放标准或者超过重点污染物排放总量控制指标排放污染物的，县级以上人民政府环境保护主管部门可以责令其采取限制生产、停产整治等措施；情节严重的，报经有批准权的人民政府批准，责令停业、关闭。"

4. 责令停产、停业、关闭

责令停产、停业、关闭，是指作出限期治理决定的人民政府，对逾期未完成治理任务的单位强令其停产、停业或者关闭。其中，对生产单位是强令其停产或者停业，对非生产单位则强令其关闭。

行政机关对违法行为在一定期限内或永久剥夺其从事生产或者经营活动的行政处罚形式，属于行为罚的一种。其中，责令停产、停业、关闭是由作出限期治理决定的人民政府，对逾期未完成治理任务的单位，强令其停产、停业、关闭。由于责令停产、停业、关闭会直接影响到企业的生产经营活动，所以只适用于比较严重的环境违法行为，如未经许可擅自从事贮存和处置放射性固体废物活动的。责令停产、停业、关闭的适用条件有以下两点：

（1）排污单位存在逾期未完成限期治理任务的行为；

（2）只能由原来作出限期治理决定的人民政府作出该处罚决定。

5. 暂扣、吊销许可证或者其他具有许可性质的证件

暂扣许可证，是指环境保护行政机关暂时限制违法行为人从事某种活动的资格。吊销许可证，是指环境行政机关撤销违法行为人从事某种活动的许可证或具有许可性质的证书，使其永久地失去从事该类活动的资格。例如，吊销排污许可证、危险废物经营许可证等。因为这种处罚对违法行为人的行为能力和财产权都会产生直接或间接的影响，因此只能针对那些严重的环境违法行为，如环评机构弄虚作假致使环境影响评价文件失实的。

值得注意的是，许可证的发放和吊销一般是同一主体的行为，必须是有权发放许可证的环境保护机关才能行使吊销许可证的权力，吊销许可证必须遵循有关行政听证的规定。

6. 没收违法所得、没收非法财物

没收，是指县级以上人民政府环境保护监督管理部门，强制将违反环境保护法而破坏环境和自然资源的单位或者个人的部分或者全部违法所得的财物收归国库的一种行政处罚形式。其中，违法所得的财物包括非法猎取的猎获物、渔获物，倒卖采伐许可证、允许进口证明或者出售、收购、运输、携带国家或者地方重点保护野生动物及其产品，或者非法转让土地的违法所得，在非法占用、转让的土地上新建的建筑物及其他设施，或者非法所得的木材、矿产资源，或者非法使用的猎捕工具、渔具等。

7. 行政拘留

行政拘留，是公安机关对违反治安管理而污染或者破坏生活环境或者生态环境的人在一定时间内强制限制其人身自由的处罚方法。行政拘留属于人身自由罚，是环境行政处罚中最严厉的一种，只适用于严重的违法行为，如违反国家规定，制造、买卖、储存、运输、邮寄、携带、使用、提供、处置爆炸性、毒害性、放射性、腐蚀性物质或者传染病病原体等危险物质的，处十日以上十五日以下拘留；情节较轻的，处五日以上十日以下拘留。

8. 法律、行政法规设定的其他行政处罚种类

《环境行政处罚办法》规定其他法律、行政法规可以在上述七种行政处罚种类之外设定新的处罚种类，以适应未来法律、行政法规的修订和现实中新情况的出现。例如，责令恢复被破坏的生态环境和自然资源、责令重新安装使用等。

二、环境行政处罚的程序

环境行政处罚程序，是指享有行政处罚权的环境保护监督管理部门，依法对破坏或者污染环境而应承担行政责任的单位或个人，提起、认定并给予环境行政处罚必须遵循的法定方式和步骤的总称。

根据《中华人民共和国行政处罚法》《环境行政处罚办法》和其他环境保护监督管理部门发布的行政处罚规章的规定。环境行政处罚程序可以分为简易程序和一般程序两种。

1. 简易程序

违法事实确凿、情节轻微并有法定依据，对公民处以 50 元以下、对法人或者其他组织处以 1000 元以下罚款或者警告的环境行政处罚，可以适用简易程序，并可以当场作出环境行政处罚决定。当场作出环境行政处罚决定时，环境执法人员不得少于两人，并应遵守下列简易程序：

（1）执法人员应向当事人出示中国环境监察证或者其他行政执法证件；

（2）现场查清当事人的违法事实，并依法取证；

（3）向当事人说明违法的事实、环境行政处罚的理由和依据、拟给予的行政处罚，告知

其陈述、申辩权利；

（4）听取当事人的陈述和申辩；

（5）填写有预定格式、编有号码、盖有环境保护主管部门印章的环境行政处罚决定书，由环境执法人员签名或者盖章，并将环境行政处罚决定书当场交付当事人；

（6）告知当事人如对当场作出的环境行政处罚决定不服，可以依法申请环境行政复议或者提起环境行政诉讼。

以上过程应当制作笔录。执法人员当场作出的环境行政处罚决定，应当在决定之日起 3 个工作日内报所属环境保护主管部门备案。

2. 一般程序

适用一般程序的环境行政处罚案件的适用条件是：情节较复杂、需要给予较重环境行政处罚的案件，也即对公民处以 50 元以上，对法人或者其他组织处以 1000 元以上罚款，或者处以警告以外的环境行政处罚案件。一般程序可以分为以下五个阶段。

（1）立案阶段。环境保护主管部门对涉嫌违反环境保护法律、法规和规章的违法行为，应当进行初步审查，并在 7 个工作日内决定是否立案。经审查，符合下列四项条件的，予以立案：

① 有涉嫌违反环境保护法律、法规和规章的行为；

② 依法应当或者可以给予环境行政处罚；

③ 属于本机关管辖；

④ 违法行为发生之日起到被发现之日止未超过 2 年，法律另有规定的除外。违法行为处于连续或继续状态的，从行为终了之日起计算。

（2）调查取证阶段。环境保护主管部门对登记立案的环境违法行为，应当指定专人负责，及时组织调查取证。需要委托其他环境保护主管部门协助调查取证的，应当出具书面委托调查函。调查取证时，调查人员不得少于两人，并应当出示中国环境监察证或者其他行政执法证件。调查人员有权采取下列措施：

① 进入有关场所进行检查、勘察、取样、录音、拍照、录像；

② 询问当事人及有关人员，要求其说明相关事项和提供有关材料；

③ 查阅、复制生产记录、排污记录和其他有关材料。

环境保护主管部门组织的环境监测等技术人员随同调查人员进行调查时，有权采取上述措施和进行监测、试验。

（3）案件审查阶段。案件审查的主要内容包括：

① 本机关是否有管辖权；

② 违法事实是否清楚；

③ 证据是否确凿；

④ 调查取证是否符合法定程序；

⑤ 是否超过环境行政处罚追诉时效；

⑥ 适用依据和初步处理意见是否合法、适当。

（4）告知和听证阶段。在作出环境行政处罚决定前，应当告知当事人有关事实、理由、依据和当事人依法享有的陈述、申辩权利。在作出暂扣或者吊销许可证、较大数额的罚款和没收等重大环境行政处罚决定之前，应当告知当事人有要求举行听证的权利。

听证程序并非环境行政处罚中的一个独立程序，它只是一般程序中的一个特殊程序，只适用于需要听证的案件。根据《环境行政处罚办法》的规定，"依照环境保护法律、法规和规章作出责令停止生产或使用、吊销许可证或者较大数额罚款等重大行政处罚决定"时，才适用听证程序。

听证程序的具体内容包括：

① 向当事人送达听证告知书，告知当事人该案件可以申请听证。

② 当事人要求听证的，应当在行政机关告知后 3 日内提出；当事人未提出听证申请的，听证程序不再进行。

③ 送达听证通知书。在听证举行前 7 日内，告知当事人举行听证的时间和地点。

④ 举行听证会。听证会由本案调查人员以外的其他人员主持（与本案有利害关系的人亦不能担任主持人），听证会中由调查人员提出当事人违法的事实、证据和环境行政处罚的建议，再由当事人进行质证和申辩，经过双方互相辩论后，当事人可作最后陈述。听证会除涉及国家秘密、商业秘密或个人隐私外，一律公开进行。听证会实行代理制度，当事人可以亲自参加听证会，也可以委托 1～2 人代理参加听证会。听证会的全部过程要制作听证笔录，笔录应交当事人审核无误后签字盖章。听证笔录应作为作出环境行政处罚的依据。调查人提出当事人违反环境法的事实、证据、依据和处罚建议，当事人进行申辩和质证。听证会结束后，继续一般程序中的审查并作出决定的程序。

适用条件：

① 拟作出重大的行政处罚。责令停产停业；吊销许可证或执照；较大数额罚款（对法人或其他组织处以 50000 元以上罚款，对公民处以 5000 元以上的罚款）。

② 当事人要求听证的。

（5）处理决定阶段。本机关负责人经过审查，分别作出如下处理决定：

① 违法事实成立，依法应当给予环境行政处罚的，根据其情节轻重及具体情况，作出环境行政处罚决定；

② 违法行为轻微，依法可以不予环境行政处罚的，不予环境行政处罚；

③ 符合《环境行政处罚办法》第十六条情形之一的，移送有管辖权的机关处理。

环境行政处罚决定书应当载明以下内容：

① 当事人的基本情况，包括当事人姓名或者名称、组织机构代码、营业执照号码、地址等；

② 违反法律、法规或者规章的事实和证据；

③ 环境行政处罚的种类、依据和理由；

④ 环境行政处罚的履行方式和期限；

⑤ 不服环境行政处罚决定，申请环境行政复议或者提起环境行政诉讼的途径和期限；

⑥ 作出环境行政处罚决定的环境保护主管部门名称和作出决定的日期，并且加盖作出环境行政处罚决定环境保护主管部门的印章。

第三节
环境行政处分

一、环境行政处分的概念及特点

行政处分，是指国家行政机关、企业事业单位，根据行政隶属关系，依照有关法规或内部规章对犯有违法失职和违纪行为的下属人员给予的一种行政制裁。实施行政处分的单位，必须是具有隶属关系和行政处分权的国家行政主管机关或者企业、事业单位。

环境行政处分，是指国家机关、企业事业单位依法对在保护和改善生活环境和生态环境，防治污染和其他公害中违法失职，但又不够刑事处罚的所属人员给予的一种行政制裁。环境保护领域中，根据《中华人民共和国环境保护法》和各种自然资源保护、污染防治单行法的规定，环境行政处分的对象有：

(1) 单位实施了破坏或者污染环境的行为，情节较重但又不够刑事处罚的有关责任人员；

(2) 有环境保护违法违纪行为的国家行政机关中的直接负责的主管人员和其他直接责任人员；

(3) 在执法活动中滥用职权、玩忽职守、徇私舞弊但又不构成刑事处罚的环境保护监督管理部门的工作人员。

环境行政处分的特点：

(1) 实施环境行政处分的机构，必须是有关人员所在的具有行政隶属关系和行政处分权限的行政机关、上级主管机关；

(2) 受处分者是环境监督人员个人，对单位不能实施环境行政处分；

(3) 环境行政处分是一种内部责任形式。环境行政处分是国家行政机关对其行政系统内部的有关人员实施的一种惩戒，不涉及一般行政相对人。

二、环境行政处分的种类

根据《中华人民共和国环境保护法》、各种环境资源单行法律法规，以及《环境保护违法违纪行为处分暂行规定》可知，环境行政处分的形式有以下七种。

1. 警告

警告是对违反行政法律规范的个人、组织的谴责和警戒，是行政处分中最轻的一种处分形式。

2. 记过

记过也是一种警戒性的处分，将记入行为人的档案中。

3. 记大过

记大过是比记过更严厉的处分形式，除记入行为人的档案外，一般都用书面形式在单位内部公示。

4. 降级

降级是指降低受处分人工资级别的处分形式。

5. 降职

降职，即降低受处分人原担任的行政职务，是对负有行政领导职务的违法者的一种处分形式。

6. 撤职

撤职，即撤销受处分人原担任的行政职务，其严重程度比降级、降职的处分形式严厉。

7. 开除

开除是最严厉的处分形式，是将受处分人从原工作单位除名。

三、环境行政处罚与环境行政处分的区别

环境保护领域中的环境行政处罚与环境行政处分虽同属于行政制裁的性质，并且都是对违反环境保护法而应承担行政责任者实施，但在实施行政制裁的机关、对象、情节、形式、程序、救济措施以及制裁的目的和作用等方面，却存在明显的区别：

（一）制裁的机关不同

环境行政处罚的制裁机关是有管辖权和行政处罚权的环境保护监督管理部门；环境行政处分的制裁机关是受处分人的所在单位或者上级主管机关。

（二）制裁的对象不同

环境行政处罚的制裁对象是破坏或者污染环境的违法单位或者非履行环境保护人员；环境行政处分的制裁对象是在环境保护中违法失职者或者是滥用职权、玩忽职守、徇私舞弊的国家行政机关的直接责任人员和环境保护监督管理部门的工作人员。

（三）处罚和处分的形式不同

环境行政处罚的形式一般有警告、罚款、没收违法所得或非法财物、吊销许可证或具有许可证性质的证书等；环境行政处分的形式包括警告、记过、开除等，但不包括罚款。

（四）制裁的程序不同

环境行政处罚依据《中华人民共和国行政处罚法》《环境行政处罚办法》等规定的程序进行，比较严格有序；环境行政处分依照《行政机关公务员处分条例》或者《企业职工奖惩条例》规定的程序进行。

（五）救济措施不同

不服环境行政处罚决定者可在法定时间内向本级人民政府或者上一级环境保护监督管理

部门申请行政复议，也可以直接向人民法院提起行政诉讼；不服环境行政处分者可依照《监察机关处理不服行政处分申诉的办法》提出复议申请，也可以向其所在单位或者上级主管机关申诉，但不得同时依照《中华人民共和国行政复议法》向行政机关申请行政复议或者依照《中华人民共和国行政诉讼法》向人民法院提起行政诉讼。

案例分析题

某年 10 月 10 日早，××县城区饮用水出现了焦油味，部分居民饮用后出现头晕、恶心、呕吐等症状。10 月 12 日，该县自来水公司将污染水排放到窟野河，造成窟野河下游再度污染。10 月 13 日，榆林市环境保护局等部门发现某煤化工有限责任公司的储藏罐正在排放焦油。据调查，由于这家公司的职工季某、蒋某、沈某三人将储藏罐上的 1 个器件拆走，使得含酚的废油流入乌兰木伦河，污染水流经窟野河后，经渗渠渗入水井，最后到达自来水供应终端家庭。

11 月 26 日，榆林市环境保护局决定对某煤化工有限责任公司处以 15 万元的罚款；××县卫生局决定对××县自来水公司处以 5000 元罚款；××县公安局决定对直接责任人季某、蒋某、沈某 3 人立案查处。××县监察部门将按有关程序对××县某煤化工有限责任公司和××县自来水公司的有关责任人进行严肃处理。

问题：①本案中环境行政处罚的机关和对象分别是什么？

②本案中的有关责任人应承担哪些环境行政法律责任？

第四节
环境行政纠纷的解决

依据我国行政法规定，对于违法或不当的行政处罚，当事人有权通过申诉和控告来保护自己的合法权益，具体的救济途径包括申请环境行政复议和提起环境行政诉讼。能够申请环境行政复议和提起环境行政诉讼的具体行政行为包括但不限于环境行政处罚，凡是环境行政机关实施的具体行政行为侵犯相对人合法权益的，都可以采取这两种救济途径。

一、环境行政复议

（一）环境行政复议的概念和特征

环境行政复议，是指行政相对人认为环境行政机关的具体行政行为侵犯其合法权益，按照法定的程序和条件向行政复议机关提出申请，由行政复议机关对该具体行政行为进行复查并作出复议决定的活动。

环境行政复议具有以下几个特征：

（1）环境行政复议只能由作为行政相对人的公民、法人或其他组织提起，作出具体行政行为的环境行政机关只能作为被申请人。此外，有权提起环境行政复议的主体必须是认为自己的合法权益受到具体行政行为侵害的相对人。

（2）环境行政复议权只能由法定机关行使。环境行政复议是行政机关内部解决行政争议的一种方式，出于公正的考虑，环境行政复议原则上采取上一级环境行政机关复议的原则，只有在某些特殊情况下才由原环境行政机关复议。

（3）环境行政复议以行政相对人提出申请为前提。环境行政复议对行政相对人而言，是一种维护其合法权益的程序性权利，不得被非法剥夺，但行政相对人可以自由处分自己的程序性权利。没有行政相对人的申请，环境复议机关不能主动启动复议程序。

（4）环境行政复议的对象原则上只限于环境行政机关作出的具体行政行为。行政相对人对环境行政机关制定的具有普遍约束力的规范性文件（即抽象行政行为）不服，只能在对具体行政行为提起环境行政复议申请时一并提出，而不能单独对抽象行政行为提起环境行政复议。对抽象行政行为提出的附带审查，也只能针对一些特定的规范性文件，不是任何抽象行政行为环境行政复议机关都可以审查。

（二）环境行政复议的范围

1. 环境行政复议的允许范围

根据《环境行政复议办法》的规定，下列情况行政相对人可以申请环境行政复议：

（1）对环境保护行政主管部门作出的查封、扣押财产等行政强制措施不服的；

（2）对环境保护行政主管部门作出的警告、罚款、责令停止生产或者使用、暂扣、吊销许可证、没收违法所得等行政处罚决定不服的；

（3）认为符合法定条件，申请环境保护行政主管部门颁发许可证、资质证、资格证等证书，或者申请审批、登记等有关事项，环境保护行政主管部门没有依法办理的；

（4）对环境保护行政主管部门有关许可证、资质证、资格证等证书的变更、中止、撤销、注销决定不服的；

（5）认为环境保护行政主管部门违法征收排污费或者违法要求履行其他义务的；

（6）认为环境保护行政主管部门的其他具体行政行为侵犯其合法权益的。

2. 环境行政复议的排除范围

环境行政复议的排除范围是指按照法律规定不得提起行政复议的事项。根据《环境行政复议办法》的规定，下列事项不得提起环境行政复议：

（1）申请行政复议的时间超过了法定申请期限又无法定正当理由的；

（2）不服环境保护行政主管部门对环境污染损害赔偿责任和赔偿金额等民事纠纷作出的调解或者其他处理的；

（3）申请人在申请行政复议前已经向其他行政复议机关申请行政复议或者已向人民法院提起行政诉讼，其他行政复议机关或者人民法院已经依法受理的；

（4）法律、法规规定的其他不予受理的情形。

（三）环境行政复议的主体与管辖

根据《中华人民共和国行政复议法》的规定，行政复议机关与行政复议机构是承担行政复议职能、行使行政复议审查权的组织，即行政复议的主体。《环境行政复议办法》规定，依法履行行政复议职责的环境保护行政主管部门为环境行政复议机关，环境行政复议机关负责法制工作的机构为行政复议机构，其具体职责包括：

（1）受理行政复议申请；

（2）向有关组织和人员调查取证，查阅文件和资料；

（3）审查被申请行政复议的具体行政行为是否合法与适当，拟定行政复议决定；

（4）按照职责权限，督促行政复议申请的受理和行政复议决定的履行；

（5）处理或者转送对具体行政行为所依据的有关规定的审查申请；

（6）办理行政赔偿等事项；

（7）办理或者组织办理本部门的行政应诉事项；

（8）办理行政复议、行政应诉案件统计和重大行政复议决定备案事项；

（9）研究行政复议工作中发现的问题，及时向有关机关提出改进建议，重大问题及时向环境行政复议机关报告；

（10）法律、法规和规章规定的其他职责。

行政复议管辖，是指不同的行政复议机关在受理行政复议案件上的分工与权限，它解决的是每一个具体的行政争议应该由哪一个行政机关进行复议的问题。根据《环境行政复议办法》的规定，行政相对人认为地方环境保护行政主管部门的具体行政行为侵犯其合法权益的，可以向该部门的本级人民政府申请行政复议，也可以向上一级环境保护行政主管部门申请行政复议。行政相对人认为国务院环境保护行政主管部门的具体行政行为侵犯其合法权益的，可以向国务院环境保护行政主管部门提起行政复议。

（四）环境行政复议参加人

1. 申请人

环境行政复议的申请人是对环境行政机关作出的具体行政行为不服，依法以自己的名义向行政复议机关提起行政复议申请的公民、法人或者其他组织。

一般情况下，环境行政复议申请人应当是具体行政行为直接侵犯的行政相对人，但在某些特定条件下，申请人的资格可以发生转移。根据《中华人民共和国行政复议法》的规定，申请人资格的转移有两种情况：

（1）有权申请行政复议的公民死亡的，其近亲属可以申请行政复议；

（2）有权申请行政复议的法人或者其他组织终止的，承受其权利的法人或者其他组织可以申请行政复议。

另外，同一环境行政复议案件中，申请人超过5人的，应当推选1～5名代表参加行政复议。

2. 被申请人

环境行政复议的被申请人是其具体行政行为被行政复议的申请人指控侵犯其合法权益，并由行政复议机关通知参加行政复议的环境行政机关。

一般情况下，公民、法人或者其他组织对环境行政机关的具体行政行为不服申请行政复议的，作出该具体行政行为的环境行政机关为被申请人。但存在以下几种特殊情形：

（1）环境保护行政主管部门与法律、法规授权的组织以共同名义作出具体行政行为的，环境保护行政主管部门和法律、法规授权的组织为共同被申请人；

（2）环境行政主管部门与其他组织以共同名义作出具体行政行为的，环境保护行政主管部门为被申请人；

（3）环境保护行政主管部门设立的派出机构、内设机构或者其他组织，未经法律、法规授权，对外以自己的名义作出具体行政行为的，该环境保护行政主管部门为被申请人。

3. 第三人

环境行政复议的第三人是因其与被审查的具体行政行为有利害关系，申请参加或者由复议机关通知参加行政复议的公民、法人或者其他组织。在行政复议中，第三人不依附于申请人或被申请人而独立存在，具有独立的法律地位，享有与申请人基本相同的复议权利。

4. 代理人

行政复议中的代理人是指在行政复议中代理他人参加复议的人。在环境行政复议中，申请人、第三人可以委托1~2名代理人参加环境行政复议。复议代理人具有如下特征：

（1）代理人是以被代理人的名义参加复议活动，自己与复议的具体行政行为没有利害关系；

（2）代理人必须在代理权限范围内实施代理行为；

（3）代理人参加复议活动产生的法律后果由被代理人承担；

（4）在同一复议案件中，代理人只能代理当事人中的一方。

委托代理人参加环境行政复议的，应当向环境行政复议机构提交由委托人签名或者盖章的书面授权委托书。授权委托书应当载明委托事项、权限和期限。委托人变更或者解除委托关系的，应当书面告知环境行政复议机构。

（五）环境行政复议程序

所谓环境行政复议程序，是指进行复议活动审查环境行政争议案件时，必须遵循的法定方式和步骤。根据《中华人民共和国行政复议法》和《环境行政复议办法》的规定，可将环境行政复议程序分为申请、受理、审理、决定和执行五个阶段。

1. 申请

复议的申请是指行政相对人不服环境行政机关的具体行政行为而向复议机关提起审查该具体行政行为的复议请求。行政复议实行"不告不理"的原则，没有行政相对人的申请，复议机关不得主动启动复议程序。

行政相对人申请环境行政复议必须满足如下条件：

（1）申请人合格。申请人必须是认为环境行政机关的具体行政行为侵犯其合法权益的公民、法人或其他组织，即只有认为自己的合法权益受到具体行政行为侵犯的行政相对人才有资格提出环境行政复议申请。

（2）有明确的被申请人。申请人提起环境行政复议申请时必须明确指出谁作出了该具体行政行为，谁侵犯了其合法权益，否则，环境行政复议机关不予受理。行政复议活动如果没有明确的被申请人，将导致行政复议活动的法律责任无人承担，行政复议活动即失去意义，所以，环境行政复议机关可以不予受理。

（3）有具体的复议请求和事实根据。具体的行政复议请求是指申请人提出的主张，即要求环境行政复议机关保护自己的哪些具体权益和提供哪些具体救济。明确的事实根据是指能证明环境行政复议机关作出具体行政行为的材料，如行政处罚决定书等，以及其他能够支持其复议请求的证据材料和其他材料。

（4）属于受理行政复议机关管辖。申请人必须向有管辖权的行政复议机关提出复议申请。行政复议机关对不属于自己管辖的行政复议案件应当告知申请人向有管辖权的行政复议机关提起申请。

（5）符合申请复议的法定期限。《中华人民共和国行政复议法》与《环境行政复议办法》均规定，行政相对人认为环境行政复议机关的具体行政行为侵犯其合法权益的，可以自知道该具体行政行为之日起 60 日内提出行政复议申请；但是法律规定的申请期限超过 60 日的除外。据此，可将环境行政复议的时效分为一般时效和特殊时效。

申请人提起环境行政复议申请，可以采取书面形式当场递交，或用邮寄、传真等方式提交环境行政复议申请书及有关材料；也可以采用口头申请的方式，口头申请应当由申请人本人向环境行政复议机关当面提起，由环境行政复议机关当场制作口头申请行政复议笔录，并由申请人核对后签字确认。

2. 受理

环境行政复议的受理，是指环境行政复议机关对复议申请人提交的复议申请进行审查，认为符合条件而决定立案的活动。

环境行政复议机关收到行政复议申请后，应当在 5 个工作日内进行审查，并分别作出如下处理：

（1）对符合规定、属于行政复议受理范围且提交材料齐全的行政复议申请，应当予以受理；

（2）对不符合规定的行政复议申请，决定不予受理，制作不予受理行政复议申请决定书，并送达申请人；

（3）对符合规定，但是不属于本机关受理的行政复议申请，应当制作行政复议告知书并送达申请人；申请人如当面向环境行政复议机关口头提出行政复议的，可以口头告知，并制作笔录当场交由申请人确认。

3. 审理

环境行政复议的审理，是环境行政复议机关对复议案件的事实、证据、法律适用等进行审查的过程。它是环境行政复议机关作出复议决定的前提和基础。环境行政复议机关审理行政复议案件，应当由 2 名以上行政复议人员参加。环境行政复议一般实行书面审理，环境行政复议机关认为必要时，可以实地调查核实证据；对重大、复杂的案件，申请人提出要求或者环境行政复议机关认为必要时，可以采取听证的方式审理。

在审理过程中，因对被申请人行使自由裁量权不服提起的环境行政复议，申请人与被申请人可以在复议机关作出环境行政复议决定前自行和解，也可以由环境行政复议机关按照自愿、合法的原则进行调解。

申请人在申请环境行政复议时，要求环境行政复议机关一并对被申请复议的具体行政行为所依据的有关规定进行审查的，或者环境行政复议机关在对被申请复议的具体行政行为进行审查时，认为其依据不合法，环境行政复议机关有权处理的，应当在 30 日内依法处理；无权处理的，应当在 7 个工作日内制作规范性文件转送函，按照法定程序转送有权处理的行政机关依法处理。

4. 决定

环境行政复议决定，是指环境行政复议机关通过对复议案件的审理，最终对被申请的具体行政行为是否合法、适当所作出的裁决。环境行政复议机关应当自受理行政复议申请之日起 60 日内作出行政复议决定。情况复杂，不能在规定期限内作出行政复议决定的，经环境行政复议机关负责人批准，可以适当延长，但是延长期限最多不超过 30 日。

经过审查，环境行政复议机关可以根据不同情况作出如下决定：

（1）维持决定。对于被申请的具体行政行为，环境行政复议机关认为事实清楚、证据确凿、适用法律正确、程序合法、内容适当的，应当作出维持该具体行政行为的决定。

（2）履行决定。被申请的环境行政机关不履行其法定职责的，环境行政复议机关可以决定其在一定期限内履行。

（3）撤销、变更和确认违法决定。环境行政复议机关经过对被申请的具体行政行为的审查，认为具有下列情形之一的，依法作出撤销、变更或者确认该具体行政行为违法的决定，必要时，可以附带责令被申请人在一定期限内重新作出具体行政行为：主要事实不清、证据不足的；适用法律错误的；违反法定程序的；超越或者滥用职权的；具体行政行为明显不当的。

（4）赔偿决定。环境行政复议机关审理复议案件，在决定撤销、变更具体行政行为或者确认具体行政行为违法时，可以应申请人请求或者依法主动责令被申请人对申请人的合法权益造成的损害给予行政赔偿。

5. 执行

执行，是环境行政复议的申请人和被申请人将环境行政复议决定付诸实现的活动。环境行政复议决定作出后，被申请人应当履行；被申请人不履行或者无正当理由拖延履行的，环境行政复议机关应当责令其限期履行。环境行政复议申请人在行政复议决定作出之后，逾期不起诉又不履行行政复议决定的，或者不履行作为终局裁决的行政复议决定的，可以由作出原具体行政行为的环境行政机关或复议机关依法强制执行，或者申请人民法院强制执行。

二、环境行政诉讼

（一）环境行政诉讼的概念和特点

环境行政诉讼，是指公民、法人或其他组织认为环境行政机关及其工作人员的具体行政行为侵犯其合法权益，依法向人民法院提起诉讼，由人民法院对具体行政行为进行审查并作出裁判的活动。相对于环境行政复议来说，它是最后的也是最有效、最权威的救济方式。环境行政诉讼是行政诉讼中的一种，其诉讼活动与一般的行政诉讼没有原则上的区别，适用的主要法律依据是《中华人民共和国行政诉讼法》。

环境行政诉讼具有以下特点：

（1）环境行政诉讼是一种解决环境行政争议的活动，其对象是具体的环境行政行为。所谓环境行政争议，是指环境行政机关根据环境法律、法规的规定，在进行环境执法活动过程中与行政相对人之间发生的权利义务争执。环境行政诉讼体现了司法权对环境行政执法权的控制，人民法院通过对被诉具体行政行为的合法性进行审查，作出撤销、变更以及确认违法的判决，一方面可以结束行政相对人的合法权益受侵害的状态，另一方面也起到了监督环境行政机关依法行使职权的作用。

（2）环境行政诉讼中被告的范围较广。在其他各类的行政诉讼中，作为被告的行政机关一般比较单一，环境行政诉讼的被告除了环境行政主管部门，即国家和地方人民政府各级环境保护行政机关之外，还有其他依照法律规定享有环境监督管理职责的行政管理机关。这是由环境法调整社会关系的广泛性和综合性所决定的。例如，环境噪声污染防治，除了由各级环境保护行政主管部门实施统一监管之外，各级公安、交通、铁路、民航等主管部门和港务监督机关，也会根据各自的职责对交通运输和社会生活噪声污染防治实施监管。所以，根据环境噪声声源的特点及污染的特点，作出具体行政行为的机关是不同的，那么相应的行政诉讼的被告也就不同。

（3）环境行政诉讼具有浓厚的科学技术性。在环境行政诉讼中，举证、质证、审判中必然涉及许多环境监测数据的调取、认定、环境标准的甄别等大量技术工作，需要专业技术人员的参与，相关领域专家的意见在审判中也会产生较大影响，因此形成了环境行政诉讼不同于其他行政诉讼的鲜明特征。

（二）环境行政诉讼的受案范围

行政诉讼的受案范围是指人民法院受理行政案件的范围，它明确了哪些行政行为是可诉的。

第一，《中华人民共和国行政诉讼法》第二条概括地规定了行政诉讼的受案条件，即"公民、法人或者其他组织认为行政机关和行政机关工作人员的行政行为侵犯其合法权益，有权依照本法向人民法院提起诉讼"。

第二，《中华人民共和国行政诉讼法》第十二条明确列举了多种可以提起行政诉讼的具体行政行为，如行政强制、行政处罚、行政许可、行政机关违法要求履行义务等，又概括地规定了行政机关侵犯公民人身权和财产权的其他具体行政行为也可以被提起行政诉讼。

第三，《中华人民共和国行政诉讼法》第十三条规定了四类排除在行政诉讼范围之外的行政行为，即国家行为、抽象行政行为、行政机关内部的人事管理行为和法律规定的行政机关终局裁决行为。

根据《中华人民共和国行政诉讼法》的上述规定和环境保护的实践，环境行政诉讼的受案范围主要分为三类：

1. 环境行政司法审查之诉

环境行政司法审查之诉，是指行政相对人认为环境行政机关的行政行为不合法或者显失公正而要求人民法院审查的诉讼。具体包括：

（1）环境行政机关作出的环境行政处罚行为；

（2）环境行政机关违法要求行政相对人履行环境保护义务的行为；

（3）环境行政机关违法限制人身自由，对财产进行查封、扣押、冻结等行政强制措施，以及侵犯人身权、财产权、经营自主权的行为。

2. 请求履行职责之诉

请求履行职责之诉，是指行政相对人为要求环境行政机关及其工作人员履行法定职责而向人民法院提起的诉讼。不履行法定职责的环境行政行为主要包括：

（1）环境行政监督检查；

（2）环境行政许可行为；

（3）环境行政强制措施；

（4）环境行政救济中的某些环境行政行为。

3. 环境行政侵权赔偿之诉

环境行政侵权赔偿之诉，是指环境行政机关及其工作人员违法行使职权，侵犯行政相对人合法权益造成损害所应承担赔偿责任，由行政相对人向人民法院提起的诉讼。例如，违法环境行政处罚行为造成的损害赔偿、违法采取环境行政强制措施造成的损害赔偿等。

（三）环境行政诉讼案件的管辖

行政诉讼管辖是各级人民法院和各地人民法院之间受理第一审行政案件的分工与权限。环境行政诉讼案件的管辖与一般行政案件的管辖一致，包括级别管辖、地域管辖和裁定管辖。

1. 级别管辖

级别管辖是指上下级人民法院之间受理第一审行政案件的分工与权限。按照我国人民法院的组织体系，人民法院受理第一审行政案件的分工如下：

（1）基层人民法院管辖大部分第一审环境行政案件。基层人民法院是我国人民法院体系的基层单位，数量大，分布广，由基层人民法院受理第一审行政案件有利于方便行政相对人提起行政诉讼，一些基层人民法院还设立了专门的环境保护审判庭。

（2）中级人民法院管辖的第一审环境行政案件。主要包括对生态环境部或者省、自治区、直辖市人民政府所作的行政决定提起诉讼的案件，以及本辖区内重大、复杂的环境行政案件。

（3）高级人民法院管辖本辖区内重大、复杂的第一审环境行政案件。高级人民法院更主要的任务是受理中级人民法院的上诉案件，加强对下级人民法院审判工作的指导和监督。

（4）最高人民法院管辖全国范围内重大、复杂的第一审环境行政案件。最高人民法院更主要的任务是对全国各级各类人民法院的审判工作进行指导和监督，对具体的审判工作进行司法解释。

2. 地域管辖

行政诉讼的地域管辖解决的是同级人民法院在受理第一审行政案件上的权限分工问题。根据《中华人民共和国行政诉讼法》的规定，环境行政诉讼的地域管辖分为以下几种：

（1）一般地域管辖。《中华人民共和国行政诉讼法》第十八条规定："行政案件由最初作出行政行为的行政机关所在地人民法院管辖。经复议的案件，也可以由复议机关所在地人民法院管辖。"这遵循的是"原告就被告"的原则。

（2）特殊地域管辖。《中华人民共和国行政诉讼法》第十九条规定："对限制人身自由的行政强制措施不服提起的诉讼，由被告所在地或者原告所在地人民法院管辖。"这里的"原告所在地"，根据司法解释可知包括原告的户籍所在地、经常居住地和被限制人身自由地。《中华人民共和国行政诉讼法》第二十条规定："因不动产提起的行政诉讼，由不动产所在地人民法院管辖。"

3. 裁定管辖

所谓裁定管辖，是指不是根据法律规定而是根据人民法院裁定确定的管辖。主要包括以下三种：

（1）移送管辖。即无管辖权的人民法院将已经受理的案件移送给有管辖权的人民法院进行审理。《中华人民共和国行政诉讼法》第二十二条规定："人民法院发现受理的案件不属于本院管辖的，应当移送有管辖权的人民法院，受移送的人民法院应当受理。受移送的人民法院认为受移送的案件按照规定不属于本院管辖的，应当报请上级人民法院指定管辖，不得再自行移送。"

（2）指定管辖。即上级人民法院用裁定的方式，指定下一级人民法院审理的某一行政案件。《中华人民共和国行政诉讼法》第二十三条规定，指定管辖有两种情形：

一是有管辖权的人民法院由于特殊原因不能行使管辖权的，由上级人民法院指定管辖；

二是人民法院对管辖权发生争议后协商不成的，由它们的共同上级人民法院指定管辖。

（3）管辖权的转移。即经上级人民法院同意或者决定，把行政案件的管辖权由下级人民法院移交给上级人民法院，或者由上级人民法院移交给下级人民法院。根据《中华人民共和国行政诉讼法》第二十四条的规定，管辖权的转移包括三种情况：

一是上级人民法院提审下级人民法院管辖的第一审行政案件；二是上级人民法院把自己管辖的第一审行政案件移交下级人民法院审判；

三是下级人民法院对其管辖的第一审行政案件，认为需要由上级人民法院审判或者指定管辖的，可以报请上级人民法院决定。

（四）环境行政诉讼案件的参加人

环境行政诉讼案件的参加人，是指依法参加环境行政诉讼活动，享有诉讼权利并承担诉讼义务，与诉讼争议或诉讼结果有利害关系的人。《中华人民共和国行政诉讼法》规定，行政诉讼参加人可以分为原告、被告、第三人和诉讼代理人。

1. 原告

环境行政诉讼的原告，是指认为环境行政机关所作出的具体行政行为直接侵犯其合法权益，以自己的名义向人民法院提起诉讼的公民、法人和其他组织。

根据《中华人民共和国行政诉讼法》第二十五条的规定，原告资格在以下两种情况下可以转移：

一是有权提起诉讼的公民死亡，原告资格可以转移为其近亲属享有并行使；

二是有权提起诉讼的法人或者其他组织终止，其原告资格可以转移为承受其权利的法人或者其他组织行使。

2. 被告

环境行政诉讼的被告，是指实施的环境行政决定被作为原告的行政相对人指控侵犯其合法权益，而被人民法院通知应诉的环境行政机关和法律、法规授权的组织。根据《中华人民共和国行政诉讼法》第二十六条的规定，行政诉讼的被告包括如下情形：

（1）公民、法人或者其他组织直接向人民法院提起诉讼的，作出行政行为的行政机关是被告。

（2）经复议的案件，复议机关决定维持原行政行为的，作出原行政行为的行政机关和复议机关是共同被告；复议机关改变原行政行为的，复议机关是被告。

（3）两个以上行政机关作出同一行政行为的，共同作出行政行为的行政机关是共同被告。

（4）行政机关委托的组织所作出的行政行为，委托的行政机关是被告。

（5）行政机关被撤销或者职权变更的，继续行使其职权的行政机关是被告。

3. 第三人

环境行政诉讼的第三人，是指同提起诉讼的环境行政决定有利害关系，为了维护自己的合法权益参加到诉讼中来的公民、法人或者其他组织。第三人参加环境行政诉讼有两种途径：

一是自己申请参加；

二是由人民法院通知参加。

环境行政诉讼的第三人包括如下两种类型：

（1）与原告地位相似的第三人。《行政诉讼法若干问题解释》第二十四条第一款规定：

"行政机关的同一具体行政行为涉及两个以上利害关系人，其中一部分利害关系人对具体行政行为不服提起诉讼，人民法院应当通知没有起诉的其他利害关系人作为第三人参加诉讼。"例如，环境行政处罚案件中的加害方和受害方。

（2）与被告地位相似的第三人。《行政诉讼法若干问题解释》第二十三条第二款规定："应当追加被告而原告不同意追加的，人民法院应当通知其以第三人的身份参加诉讼。"例如，环境行政机关与其他非行政主体共同作出的具体行政行为，环境行政机关被诉，非行政主体则为第三人。

4. 诉讼代理人

环境行政诉讼的代理人，是指基于当事人的委托或法律规定或人民法院指定，以当事人的名义参加诉讼活动的人。环境行政诉讼的代理人在代理权限范围内维护当事人的合法和正当的利益，其诉讼活动所产生的法律后果由当事人承担。行政诉讼中的代理人可以分为法定代理人和委托代理人两种。

《中华人民共和国行政诉讼法》第三十条规定："没有诉讼行为能力的公民，由其法定代理人代为诉讼。法定代理人互相推诿代理责任的，由人民法院指定其中一人代为诉讼。"所谓没有诉讼行为能力的公民，根据《中华人民共和国民法通则》的规定，是指不满10周岁的未成年人和不能辨认自己行为的精神病人。《中华人民共和国行政诉讼法》第三十一条规定："当事人、法定代理人，可以委托一至二人作为诉讼代理人。下列人员可以被委托为诉讼代理人：（一）律师、基层法律服务工作者；（二）当事人的近亲属或者工作人员；（三）当事人所在社区、单位以及有关社会团体推荐的公民。"

（五）环境行政诉讼的证据

环境行政诉讼的证据，是指用以证明环境行政案件事实情况的一切材料。在环境行政诉讼中，作为被告的环境行政机关应当对其主张的事实负担提供证据加以证明的责任，即依法提供作出该具体行政行为的证据和所依据的规范性文件，来证明自己的具体行政行为合法。

同时，作为被告的环境行政机关在承担举证责任时应当遵守下列规则：

（1）环境行政机关应当在收到起诉状副本之日起10日内，提供据以作出被诉具体行政行为的全部证据和所依据的规范性文件，不提供或无正当理由逾期提供的，视为被诉具体行政行为没有相应证据；

（2）在环境行政诉讼中，环境行政机关及其代理人不得自行向原告和证人收集证据；

（3）作为被告的环境行政机关如果认为原告起诉超过法定期限的，由被告承担举证责任；

（4）只有在原告或第三人提出其在行政诉讼中没有提起的反驳理由或证据，或是被告在作出具体行政行为时已经收集的证据由于不可抗力等正当事由不能提供时，被告才可以在诉讼过程中补充相关证据。

（六）审理环境行政案件的法律适用

环境行政诉讼的法律适用，是指人民法院依照法定程序，具体运用法律规则对环境行政机关行政决定的合法性进行审查，从而对环境行政案件作出裁判的专门活动。它主要解决人民法院对被诉具体行政行为的合法性进行审查的标准问题。

《中华人民共和国行政诉讼法》第六十三条规定："人民法院审理行政案件，以法律和行政法规、地方性法规为依据。地方性法规适用于本行政区域内发生的行政案件。人民法院审理民族自治地方的行政案件，并以该民族自治地方的自治条例和单行条例为依据。人民法院审理行政案件，参照规章。"可见，人民法院审理行政案件，只能以法律、行政法规、地方性法规和自治条例、单行条例为依据，除此之外，其他任何机关制定、发布的规范性文件，都不能作为人民法院审理行政案件的依据。同时，该条第三款规定人民法院审理行政案件，还可以"参照"规章。所谓"参照"，就是指参考、依照。这一规定，实质上是赋予人民法院对规章的选择适用权，即由人民法院决定是否在审理行政案件时适用该规范。

（七）环境行政诉讼程序

环境行政诉讼程序，是指人民法院审理环境行政案件所要经过的法定阶段和步骤。环境行政诉讼程序可分为审判程序和执行程序，其中审判程序又包括第一审程序、第二审程序和审判监督程序。

1. 环境行政诉讼第一审程序

第一审程序是行政案件审判的必经程序。该程序是行政相对人不服环境行政主体作出的行政决定而行使起诉权，人民法院依法受理案件而发生的审判程序。主要分为如下具体步骤：

（1）起诉。环境行政诉讼的起诉，是指公民、法人或者其他组织认为自己的合法权益受到环境行政机关行政决定的侵犯，向人民法院提起诉讼，依法请求人民法院审查行政决定的合法性并作出裁判的诉讼行为。

根据《中华人民共和国行政诉讼法》第四十九条的规定，提起行政诉讼应当符合以下条件：

① 原告是认为具体行政行为侵犯其合法权益的公民、法人或者其他组织；

② 有明确的被告；

③ 有具体的诉讼请求和事实根据；

④ 属于人民法院受案范围和受诉人民法院管辖。

除此之外，起诉还有时间的限制，即诉讼时效。根据《中华人民共和国行政诉讼法》第四十四条、第四十五条、第四十六条规定，公民、法人或者其他组织先复议后起诉的，可以在收到复议决定书之日起15日内向人民法院提起诉讼；复议机关逾期不作决定的，申请人可以在复议期满之日起15日内向人民法院提起诉讼；公民、法人或者其他组织直接向人民法院提起诉讼的，应当自知道或者应当知道作出行政行为之日起六个月内提出。法律另有规定的除外。

（2）受理。环境行政诉讼的受理，是指人民法院对公民、法人或者其他组织的起诉进行审查，认为符合法律规定的起诉条件而决定立案并予审理的诉讼行为。

根据《中华人民共和国行政诉讼法》和《行政诉讼法若干问题的解释》的规定，人民法院经审查后，认为起诉符合法定条件的，应当在接到起诉状之日起 7 日内立案。人民法院认为起诉不符合条件的，应当在接到起诉状之日起 7 日内作出不予受理的裁定。原告对不予受理的裁定不服的，可以在接到裁定书之日起 10 日内向上一级人民法院提起上诉。如果一时难以确定是否符合起诉条件的，人民法院应当在 7 日内先予受理，经审理后，认为不符合起诉条件的，再裁定驳回起诉。如果受诉人民法院在 7 日内既不立案又不作出裁定的，起诉人可以向上一级人民法院申诉或者起诉。上一级人民法院认为符合受理条件的，应予受理；受理后可以移交或者指定下级人民法院审理，也可以自行审理。

（3）审理。环境行政诉讼的审理，是指人民法院在当事人和其他诉讼参与人的参加下，依照法定程序对环境行政案件进行审理并作出裁判的诉讼活动。

庭审的程序包括开庭前的准备、出庭情况审查、法庭调查、法庭辩论、合议庭评议等阶段。根据《中华人民共和国行政诉讼法》的规定，行政诉讼的第一审程序应当实行开庭审理，不得进行书面审理；开庭审理以公开审理为原则，涉及国家秘密、个人隐私和法律另有规定的可以不公开审理；人民法院在审理行政案件时，不适用调解。

（4）判决。环境行政诉讼的判决，是指人民法院经过对环境行政案件的审理，就具体行政行为的合法性作出裁断的诉讼行为。人民法院应当在立案之日起六个月内作出第一审判决。如有特殊情况需要延长的，由高级人民法院批准，高级人民法院审理第一审案件需要延长的，由最高人民法院批准。

根据《中华人民共和国行政诉讼法》的规定，人民法院可以对环境行政诉讼作出以下几种判决：

① 判决驳回原告的诉讼请求，即具体行政行为证据确凿，适用法律、法规正确，符合法定程序，或者原告申请被告履行法定职责或者给付义务理由不成立的。

② 撤销判决，即具体行政行为有下列情形之一的，判决撤销或者部分撤销，并可以判决环境行政机关重新作出具体行政行为：主要证据不足的；适用法律、法规错误的；违反法定程序的；超越职权的；滥用职权的；明显不当的。

③ 履行判决，即环境行政机关不履行或者拖延履行法定职责的，可以判决其在一定期限内履行。

④ 变更判决，即环境行政机关作出的行政处罚显失公正，可以判决其变更。在一审判决中还应明确告知当事人有上诉权和上诉期限及上诉方式。

2. 环境行政诉讼第二审程序

第二审程序，又称上诉审程序，是指上一级人民法院基于当事人的上诉，对第一审人民法院作出的未生效的判决、裁定重新进行审理并作出裁判的程序。第二审程序不是每个环境行政案件的必经程序，如果一个环境行政案件经过第一审程序，当事人没有异议，或者在法定期限内没有上诉，第二审程序就不会发生。第二审程序的步骤如下：

（1）上诉。上诉是指当事人不服人民法院的一审判决、裁定，依法要求上级人民法院对案件重新审理的诉讼行为。

《中华人民共和国行政诉讼法》第八十五条规定："当事人不服人民法院第一审判决的，

有权在判决书送达之日起十五日内向上一级人民法院提起上诉。当事人不服人民法院第一审裁定的，有权在裁定书送达之日起十日内向上一级人民法院提起上诉。逾期不提起上诉的，人民法院的第一审判决或者裁定发生法律效力。"上诉既可以通过原审人民法院提出，也可以直接向二审人民法院提出。

（2）受理。上诉案件的受理，是指人民法院在收到上诉状后依法决定是否作为上诉案件立案，开始第二审程序的诉讼活动。一般来说，只要是在法定期限内提出上诉，人民法院都应当予以受理。

（3）审理。上诉案件的审理与一审程序的审理规定大致相同，除了以下两个方面的规定：

① 对于上诉案件，人民法院认为事实清楚的，可以实行书面审理。

② 人民法院审理上诉案件，应当在收到上诉状之日起三个月内作出终审判决。如有特殊情况需要延长的，由高级人民法院批准，高级人民法院审理上诉案件需要延长的，由最高人民法院批准。

（4）裁判。根据《中华人民共和国行政诉讼法》第八十九条的规定，人民法院审理上诉案件，按照下列情形，分别处理：

① 原判决、裁定认定事实清楚，适用法律、法规正确的，判决或者裁定驳回上诉，维持原判决、裁定；

② 原判决、裁定认定事实错误或者适用法律、法规错误的，依法改判、撤销或者变更；

③ 原判决认定基本事实不清、证据不足的，发回原审人民法院重审，或者查清事实后改判；

④ 原判决遗漏当事人或者违法缺席判决等严重违反法定程序的，裁定撤销原判决，发回原审人民法院重审。原审人民法院对发回重审的案件作出判决后，当事人提起上诉的，第二审人民法院不得再次发回重审。人民法院审理上诉案件，需要改变原审判决的，应当同时对被诉行政行为作出判决。

3. 环境行政诉讼审判监督程序

审判监督程序又称再审程序，是指人民法院对已经发生法律效力的判决、裁定，发现确有错误，依法再次审理的程序。审判监督程序不是每一个行政案件的必经程序，其步骤包括：

（1）再审的提起。再审的提起具体包括以下几种情形：

① 原审人民法院或其上级人民法院发现已经发生法律效力的判决、裁定有错误的，可以提起再审。

② 人民检察院对人民法院已经发生法律效力的判决、裁定，发现违反法律、法规规定的，有权按照审判监督程序提出抗诉，引起再审程序。

③ 当事人对已经发生法律效力的判决、裁定，认为确有错误的，可以在裁判书生效 2 年内向原审人民法院或者上一级人民法院提出申诉，由人民法院审查后决定是否再审。

（2）再审的审理。根据法律规定，人民法院按照审判监督程序再审的案件，发生法律效力的判决、裁定是由第一审人民法院作出的，按照第一审程序审理，所作的判决、裁定，当事人可以上诉；发生法律效力的判决、裁定是由第二审人民法院作出的，按照第二审程序审理，所作的判决、裁定是发生法律效力的判决、裁定；上级人民法院按照审判监督程序提审的案件，按照第二审程序审理，所作的判决、裁定是发生法律效力的判决、裁定。人民法院审理再审案件，应当另行组成合议庭。

4. 环境行政诉讼案件的执行

环境行政诉讼案件的执行，是指人民法院对已经发生法律效力的法律文书，在负有义务的一方当事人拒不履行义务时，强制其履行义务，以保证生效法律文书的内容得到实现的诉讼活动。

根据《中华人民共和国行政诉讼法》第九十五条的规定，公民、法人或者其他组织拒绝履行判决、裁定、调解书的，行政机关或者第三人可以向第一审人民法院申请强制执行，或者由行政机关依法强制执行。对于环境行政机关拒绝履行判决、裁定、调解书的，第一审人民法院可以采取以下措施：

（1）对应当归还的罚款或者应当给付的款额，通知银行从该行政机关的账户内划拨。

（2）在规定期限内不履行的，从期满之日起，对该行政机关负责人按日处五十元至一百元的罚款。

（3）将行政机关拒绝履行的情况予以公告。

（4）向监察机关或者该行政机关的上一级行政机关提出司法建议。接受司法建议的机关，根据有关规定进行处理，并将处理情况告知人民法院。

（5）拒不履行判决、裁定、调解书，社会影响恶劣的，可以对该行政机关直接负责的主管人员和其他直接责任人员予以拘留；情节严重，构成犯罪的，依法追究刑事责任。

关键词

环境行政责任的构成要件、环境行政处罚、环境行政处分、环境行政复议和环境行政诉讼。

小　结

本章介绍了环境行政责任的构成要件和责任承担方式，对比分析了环境行政处罚和环境行政处分的种类和程序，详细介绍了环境行政救济的途径，环境行政复议和环境行政诉讼的程序。

思考题

1. 什么是环境行政责任？环境行政责任的构成要件包括哪些？

2. 什么是环境行政处罚？环境行政处罚的种类有哪些？

3. 什么是环境行政处分？它与环境行政处罚有什么区别？

案例分析题

某市一家有限责任公司是一家主要生产黄铜阀门、卫浴设备等产品的企业，其黄铜铸造工序在生产中会有刺鼻的恶臭气体排出，周围居民的生活和身体健康受到严重影响，他们强烈要求环保部门责令该车间搬远。市、区人民代表大会代表和政协委员也数次提出议案，反映同样的情况和要求。某市环保局据此对该公司实施环保监督，该公司亦表示要采取治理措施，但一直未见行动，群众反映依然非常强烈。因此，市环保局于 3 月 9 日组成了以赵某、张某分别为正副组长的调查小组进行周密翔实的调查和检测，确认了该公司生产车间排放恶臭气体污染环境的事实，认为该公司违反了有关环境保护的法律规定。市环保局根据有关规定和事实拟作出对该公司罚款 50000 元、责令停产停业的决定。在作出决定之前，市环保局调查小组告知该公司作出行政处罚决定的事实、理由及依据，并告知该公司有权进行陈述、申辩和有权要求组织听证的权利。该公司不服市环保局作出的行政处罚决定，向市环保局进行了陈述和申辩。市环保局听取了该公司的陈述和申辩之后，对原认定的事实进行了复核并应该公司的要求决定举行听证会。3 月 15 日，市环保局通知该公司于 3 月 20 日举行听证会的时间和地点。听证会由调查小组组长赵某主持，赵某、张某会同全体组员经过认真的讨论和评议，作出行政处罚决定，并当场宣读了行政处罚决定书。行政处罚决定书的主要内容如下：

（1）责令该公司排放恶臭气体的车间停产治理；

（2）对该公司处以 30000 元的罚款；

（3）该公司承担听证费用 250 元。行政处罚决定书于次日送达该公司。

问题：根据以上事实，请回答市环保局作出行政处罚决定的过程中，有哪些行为违反了《环境行政处罚办法》的规定？

第五章 环境民事责任

▶▶ 本章导读

掌握环境民事责任的构成要件和免责条件，熟悉环境民事纠纷的解决程序，并能够运用于解决实践中的环境民事纠纷。

第一节
环境民事责任概述

一、民事责任

（一）环境污染民事责任的概念

民事责任，是指当事人在民事活动中违反民事法律规定的义务而应当承担的民事法律后果。环境保护法中的民事责任，包括破坏环境者和污染环境者的民事责任两大类。破坏环境者和污染环境者在承担民事责任的条件、原则、形式和程序等方面，都存在着很大的差别。破坏环境者的民事责任与一般民事责任大体相同，本节着重介绍污染环境者的民事责任。环境污染的民事责任，也称公害的民事责任，是指公民、法人因污染危害环境而侵害了公共财产或者他人的财产、人身所应承担的民事方面的法律后果。

（二）环境污染民事责任的特点

1. 公害民事责任主要是一种财产责任

因污染危害环境造成公私财产损失和因污染危害环境造成他人人身伤害、死亡所应承担的民事责任，主要是一种财产责任。

2. 公害民事责任是平等双方当事人一方对另一方所承担的责任

民事法律关系主体之间，其权利、义务是对应和平等的。一方当事人不履行民事义务或者侵害了另一方当事人的合法权益，另一方当事人的权利、义务关系和平等的地位就受到了破坏，民事法律就要迫使侵害者承担民事后果，以使被破坏的平等地位和被侵害的民事权益得到恢复或者弥补。

3. 公害民事责任不以致害人的过错为构成要件

即使致害人没有过错（即故意或过失）实施了污染危害环境的行为，只要对公共财产或者他人的财产、人身造成损失，就应承担民事赔偿责任。《中华人民共和国侵权责任法》第六十五条规定："因污染环境造成损害的，污染者应当承担侵权责任。"承担公害民事责任，并不排除承担其他法律责任。

二、无过错责任

（一）无过错责任的概念

一般民事责任的归责原则，是指对承担一般民事责任者确定其承担该法律责任的根基和标准。一般民事责任的归责原则又称过错责任原则。

在公害的民事责任中，大部分国家都实行无过错责任原则。例如，日本《大气污染控制法》第四章"损害赔偿（无过错责任）"第二十五条第一款规定："工厂或者企业由于企业活动而排放，造成生活或健康的损害，该工厂或企业应对损害负赔偿责任"。从《中华人民共和国环境保护法（试行）》到《中华人民共和国环境保护法》以及各种环境污染防治单行法，都没有将污染危害环境者的故意或者过失和行为的违法性规定为承担公害民事赔偿责任的条件。这些也可以从《中华人民共和国环境保护法》的法律责任条款，即从行政责任、民事责任和刑事责任条款的比较中看出。《中华人民共和国环境保护法》第六十四条规定："因污染环境和破坏生态造成损害的，应当依照《中华人民共和国侵权责任法》的有关规定承担侵权责任。"《中华人民共和国侵权责任法》第七条规定："行为人损害他人民事权益，不论行为人有无过错，法律规定应当承担侵权责任的，依照其规定。"第六十五条规定："因污染环境造成损害的，污染者应当承担侵权责任。"可见，公民的民事赔偿责任并不以违法性和过错为条件，所实行的也是无过错责任。

无过错责任，是指一切污染危害环境的单位、个人只要对国家、其他单位或者个人客观上造成损失（包括财产损失、人身损失），即使主观上没有过错，也应承担民事赔偿责任。这是《中华人民共和国民法通则》中作为一般民事责任的归责原则——过错责任的例外，属于民法中承担特殊侵权责任的特殊原则，但在公害民事赔偿责任中，则是一般的归责原则。

致害者只要具备以下三个条件，就应承担环境污染民事赔偿责任：

（1）实施了污染危害环境的行为；

（2）造成了损害后果；

（3）行为与后果之间存在因果关系。

无过错责任原则表明，它比过错责任原则的适用范围更广，也更严格。致害者只要具备上述三个条件，即使主观上没有过错，也应承担民事赔偿责任；有过错，更应当承担民事赔偿责任。可见，在一定意义上说无过错责任包含了过错责任，是一种对侵权者更加严格的民事责任归责原则。

（二）无过错责任的例外情况

无过错责任的例外，是指排污单位造成了环境污染危害，由于不可归责的理由，法律规定可以不承担民事赔偿责任的情况，也称免责条件。《中华人民共和国水污染防治法》第九十六条规定："因水污染受到损害的当事人，有权要求排污方排除危害和赔偿损失。由于不可抗力造成水污染损害的，排污方不承担赔偿责任；法律另有规定的除外。水污染损害是由受害人故意造成的，排污方不承担赔偿责任。水污染损害是由受害人重大过失造成的，可以减轻排污方的赔偿责任。水污染损害是由第三人造成的，排污方承担赔偿责任后，有权向第三人追偿。"《中华人民共和国海洋环境保护法》第九十一条规定："完全属于下列情形之一，经过及时采取合理措施，仍然不能避免对海洋环境造成污染损害的，造成污染损害的有关责任者免予承担责任：（一）战争；（二）不可抗拒的自然灾害；（三）负责灯塔或者其他助航设备的主管部门，在执行职责时的疏忽，或者其他过失行为。"

因环境污染造成他人财产和人身权益损害时，因有法律规定的免除责任的事由而不承担民事责任。这些免责事由散见于《中华人民共和国环境保护法》《中华人民共和国水污染防治法》《中华人民共和国大气污染防治法》《中华人民共和国海洋环境保护法》《中华人民共和国侵权责任法》等单行法中，归纳起来有如下三个方面。

1. 不可抗力

不可抗力，是指不能预见、不能避免并不能克服的客观情况。不可抗力既包括某些自然现象如地震、台风、洪水等，也包括某些社会现象如战争等。行为人只有在不可抗力的情况下，又经过"及时采取合理措施，仍然不能避免造成环境污染损害时，才不承担民事责任"。《中华人民共和国民法通则》和《中华人民共和国侵权责任法》中规定了行为人在正当防卫或者紧急避险的场合，不承担民事责任。可以将我国环境保护领域的环境污染民事责任的免责条件概括为：

（1）战争；

（2）不可抗力；

（3）正当防卫；

（4）紧急避险。

2. 受害人故意

《中华人民共和国侵权责任法》第二十七条规定："损害是因受害人故意造成的，行为人不承担责任。"即受害人明知自己的行为会发生损害自己的结果，却希望或者放任此种损害结果的发生，行为人不承担责任。

典型案例

江西某化肥厂由于污水处理的需要，在工厂旁边修建了一个大型污水处理池。污水池紧邻附近村民张某承包的鱼塘。张某听人说化肥厂的污水中含有大量的氮、磷等营养物质，用来养鱼可以让鱼加速生长，便在某天深夜偷偷将污水池边打开缺口，将大量污水放入自家鱼塘。结果造成鱼塘中所养的鱼大量死亡，损失严重。张某遂提起侵权诉讼，要求化肥厂赔偿自己的损失。请问，化肥厂是否应承担侵权责任？

3. 第三人的过错

第三人的过错，是指除污染者与被侵权人之外的第三人，对被侵权人损害的发生具有过错，此种过错包括故意和过失。这里的第三人是指被侵权人和污染者之外的第三人，即第三人不属于被侵权人和污染者一方，第三人与受害者和污染者之间不存在法律上的隶属关系，如雇佣关系等。《中华人民共和国侵权责任法》第六十八条规定："因第三人的过错污染环境造成损害的，被侵权人可以向污染者请求赔偿，也可以向第三人请求赔偿。污染者赔偿后，有权向第三人追偿。"一般情况下，污染者的赔偿能力比第三人强，规定污染者先替第三人承担责任再追偿的本意是对被侵权人的保护，但在第三人的赔偿能力比污染者强的情况下，应该赋予被侵权人赔偿对象的选择权，被侵权人可以向污染者请求赔偿，也可以向第三人请求赔偿。污染者赔偿后，有权向第三人追偿。第三人的"过错"则应由排污者来进行证明。

三、公害民事责任的形式

民事责任的形式，是指由于不履行合同义务或者侵权而承担民事法律后果的方式或者范围。《中华人民共和国民法通则》第一百七十九条规定了十一种承担民事责任的方式，主要有停止侵害；排除妨碍；消除危险；返还财产；恢复原状；修理、重作、更换；继续履行；赔偿损失；支付违约金；消除影响、恢复名誉；赔礼道歉。这些承担民事责任的方式可以根据受害者的请求单独使用或者合并使用。关于污染环境和破坏生态的民事责任形式，依据《中华人民共和国环境保护法》和《中华人民共和国侵权责任法》的规定，包括停止侵害；排除妨碍；消除危险；返还财产；恢复原状；赔偿损失；赔礼道歉；消除影响、恢复名誉。但是，在各种环境污染防治法和自然资源保护单行法中，其民事责任的形式大都沿用《中华人民共和国环境保护法》所规定的赔偿损失和排除危害两种。

（一）赔偿损失

赔偿损失，是指行为人污染环境或者破坏生态的行为，造成他人损害而向其支付一定数额的金钱，以弥补其损失的民事责任方式。赔偿损失是最常用、最广泛的环境侵权救济方式。赔偿损失的范围包括侵害他人造成人身损害的赔偿；侵害他人人身权益造成财产损失的赔偿；侵害他人人身权益造成严重精神损害的赔偿三种。环境污染造成的损失可以分为直接损失和间接损失、物质损失和精神损失等。

直接损失，是指因受到环境污染危害而造成法律所保护的现有财产的实际减少或者丧失，也称实际损失。间接损失，也称预期可得利益的损失，是指由直接损失引发的其他损失，即在正常情况下应当得到的，但因环境污染危害而得不到的合法收入。

物质损失，是指受害人因环境污染危害而造成法律所保护的现有财产的损失。精神损失，在民法上是指侵权行为所造成的人格上的损害。近年来，随着我国各地因环境污染危害而导致精神伤害或养殖物损害事件的不断发生，各地人民法院都依实际情况判决加害人承担精神赔偿责任。

赔偿损失的原则，是指确定损失的范围及具体数额时应该遵循的准则。根据环境保护法及相关法律法规和司法实践，在环境民事纠纷中确定赔偿的范围及具体数额应遵循以下原则：

（1）对财产损失全部赔偿的原则。环境民事责任的财产性质及补偿目的决定了赔偿损失的范围及具体数额完全取决于加害人造成他人财产损失的大小，即损失多少赔偿多少。

（2）对人体健康及生命的伤害，只赔偿由此引起的财产损失的原则。这是指加害人必须承担因污染危害环境的行为造成他人伤残或者死亡所引起的财产损失的全部赔偿责任。

（3）适当考虑当事人的经济状况的原则。这是在确定赔偿金额时，可以适当考虑当事人的经济状况，但是，必须以承担赔偿责任为前提，且必须征得受害人的同意。

（二）排除危害

排除危害，是指环境保护监督管理部门依法强令造成或者可能造成环境污染危害的行为人，排除可能发生的环境污染危害，或者停止已经发生环境污染危害并予以消除继续发生环境污染危害的一种民事制裁形式。环境民事责任中的排除危害实际上包括《中华人民共和国民法通则》所规定的停止侵害、排除妨碍及消除危险三种民事责任形式。

排除危害与停止侵害、排除妨碍及消除危险具有以下两种关系：

1. 它们都属于预防性民事责任形式

停止侵害，是指停止已经发生的环境污染危害。排除妨碍，是指排除对他人享有的环境权益的妨碍。消除危险，是指消除实际已经存在的环境污染危害的危险。可见，它们与《中华人民共和国环境保护法》以及各种环境污染防治单行法所规定的排除危害，其基本作用是相同的，都属于预防性而非补偿性的民事责任形式，也都属于非财产性的民事责任形式。

2. 排除危害的预防性功能更佳

排除危害不仅严格要求停止已经发生的环境污染危害行为，而且还要求排除尚未发生但实际可能要发生的环境危害隐患。可见，这种民事责任形式具有预防和制止环境污染危害发生的作用。适用这种民事责任形式可以减轻或避免对财产、人身的损害，与只有事后补偿性功能的赔偿损失相比具有"预防性"的积极作用，与其他三种民事责任形式相比具有更加全面的预防性功能。

公害民事责任的其他形式包括停止侵害、排除妨碍、消除危险、返还财产、恢复原状、赔礼道歉、消除影响、恢复名誉等。这几种民事责任形式，既可以单独适用，也可以合并适用。

第二节
环境民事纠纷的解决程序

由《中华人民共和国环境保护法》和各种环境污染防治单行法的规定可知，我国法律对环境民事纠纷的解决适用两个并列的程序：

一是根据当事人的请求，由环境保护监督管理部门调解处理，又称环境民事纠纷的行政处理；

二是由当事人直接向人民法院起诉，即民事诉讼。

究竟采取哪种方式由当事人自由选择。采取第一种程序的，在行政调解不成以后，当事人还可以向人民法院起诉，由人民法院按照《中华人民共和国民事诉讼法》规定的程序受理。可见，民事审判程序是解决民事纠纷的最终程序。

一、环境民事纠纷解决程序的特点

环境民事纠纷的行政处理和民事诉讼，虽然在法律依据、处理机关、程序和法律效力等方面存在某些差别，但是纠纷的共同性质——环境污染危害民事赔偿责任和赔偿金额纠纷，则使它们具有许多共同的特点：

1. 都是解决平等双方当事人的环境民事赔偿纠纷的程序

当事人因环境污染危害发生的纠纷属于民事性质，双方的地位平等。受害人一方因为财产、人身受损害而依法享有获得赔偿的权利；致害人一方则因实施了污染危害环境的行为致使他人遭受损失而依法负有赔偿的义务。为了解决纠纷，当事人中的任何一方都有权请求环境保护监督管理部门调解处理，或者向人民法院起诉。行政部门或者审判机关也只有在当事人提出请求之后，才能进行调解或者开庭审理。这与追究行政责任程序中的监督管理者与被监督管理者的不平等地位不同，纠纷的性质也不同。

2. 环境保护监督管理机关和人民法院以"第三者"的身份处理纠纷

环境保护监督管理部门依据当事人的请求调解处理环境民事赔偿纠纷时，是以第三者的身份居间进行调解；人民法院在受理当事人的起诉以后是以第三者的身份判断当事人的请求是否符合法律的规定。

3. 实行举证责任转移原则

举证责任是指当事人对自己的主张负有提供证据的责任，否则可能导致不利于自己的法律后果。在一般的纠纷解决中，一直遵循的是"谁主张谁举证"的原则，也就是说，要想自己的主张得到支持就一定要拿出证据证明自己的主张是合理的、合法的。所谓举证责任转移，也称举证责任倒置，是指受害方不必提供包括加害方有过错的证据，而只需提供加害方已有污染危害环境行为等表面证据及自身受损害的事实，赔偿请求即成立，若致害者否认就必须提出反证，否则就应负赔偿责任。这就是由原告举证转移到被告举证的"举证责任转移原则"。

关于举证责任转移的法律规定，《最高人民法院关于民事诉讼证据的若干规定》第四条第三款规定："因环境污染引起的损害赔偿诉讼，由加害人就法律规定的免责事由及其行为与损害结果之间不存在因果关系承担举证责任。"实行举证责任转移原则，对于更好地维护受害者的合法环境权益，促使排污者积极治理污染，防止重大污染事故的发生，完善环境立法具有重要意义。

4. 因果关系推定原则

该原则是指，只要确定某工厂已排放了有害的污染物，且单独的排放量已使群众的健康或者生命达到危害程度时，便可以推定此种危害系排污单位排放的污染物所致。在公害的民事赔偿纠纷中，污染危害环境的行为与损害结果之间的因果关系的认定，往往比一般民事责任和行政责任、刑事责任中因果关系要复杂和困难得多。为了克服这个难题，一些国家的环境保护法规定，在未能严格确定因果关系的场合，可以采用因果关系推定原则。

二、环境民事纠纷行政调解处理程序

（一）环境民事纠纷行政调解处理程序的概念

环境民事纠纷行政调解处理程序，又称行政调解，是指环境保护监督管理部门根据当事人的请求，对因环境污染危害造成损失引起的赔偿责任和赔偿金额争议进行调解处理的步骤的总称。

（二）环境民事纠纷行政调解处理程序的特点

1. 必须有当事人的请求

环境民事纠纷行政调解处理程序的提起，必要和充分条件是必须有当事人的请求。如果当事人没有提出请求，环境保护监督管理部门则无权启动该程序。

2. 行政调解适用无过错责任原则

环境民事纠纷行政调解处理的最终目的是解决因环境侵权引起的赔偿责任和赔偿金额的纠纷，属于《中华人民共和国民法总则》中的特殊民事纠纷，适用无过错责任原则，不以违法性和过错为承担赔偿责任的条件。

3. 作出的调解处理决定不具有强制力

环境行政机关根据当事人的请求，对环境民事纠纷所作出的行政处理决定，虽然在环境监督管理工作中起着重要作用，使得很多环境民事纠纷得以顺利解决。但是，如果当事人不履行或不服从处理决定，环境行政机关无权向人民法院申请强制执行。

（三）环境民事纠纷行政调解处理程序的步骤

对环境民事纠纷行政调解处理程序，我国尚无具体法律规定。根据《中华人民共和国环境保护法》的精神，结合我国环境监督管理的实践，环境民事纠纷行政调解处理程序可以分为申请、受理、调查、调解、处理和执行六个阶段。

1. 申请

（1）申请的概念。申请，是指当事人请求环境保护监督管理部门处理环境民事纠纷的一种行为。申请人必须符合以下条件：

第一，申请人必须是与本案有直接利害关系的行政相对人。

第二，有明确的加害人。受害人在提出请求时必须明确提出谁是实施环境污染危害的加害者。

第三，有具体的要求与理由。

第四，必须向有权调解处理该案件的环境保护监督管理部门提出。

（2）申请的方式和内容。申请方式，是指当事人请求环境保护监督管理部门处理环境民事纠纷的形式。申请可以采取书面方式申请，也可以采取口头方式申请。因环境民事纠纷案情较复杂，一般应要求当事人采取书面方式申请。如果当事人书写有困难，应允许其采用口头方式申请，环境保护监督管理部门的工作人员应做好详细记录。

申请的内容应包括以下几点：

① 双方当事人的自然状况。例如，姓名、性别、年龄、民族、工作单位、职业、住所及电话；法人或其他组织名称、地址、法人代表或主要负责人的姓名、职务及电话。

② 请求处理环境民事纠纷的目的。即请求解决的是赔偿责任及赔偿纠纷还是排除污染危害的纠纷，具体数额是多少，还应包括纠纷形成的事实，双方争议的焦点，请求的理由及依据等。

③ 证明上述请求的证据和证据的来源等。同时，还应注明接受申请的环境监督管理部门的名称、申请日期、申请人的签名并加盖单位印章。

2. 受理

受理，是指有管辖权和处理权的环境保护监督管理部门，接受当事人提出的调解处理环境民事纠纷请求的一种行政决定。受理阶段的主要任务，是审查当事人的申请是否符合受理条件，并作出是否受理的决定。

3. 调查

调查，是指办案小组对当事人在申请中提出的请求、证据等进行现场勘验、询问当事人和证人、收集证据、进行专业鉴定、分析判断等活动的总称。调查阶段的主要任务，是通过各种调查手段，弄清环境污染危害的实际情况和造成或者可能造成的损害的事实。可见，调查对于弄清纠纷的真相，为以后进行调解、处理提供坚实有力的证据基础起着关键作用。调查的方式同环境行政处罚的一般程序中的调查方式相似，在这里不再介绍。

4. 调解

调解，是指在环境保护监督管理部门的主持下，双方当事人对因环境污染而发生的民事权益争议，通过协商，达成协议以解决纠纷的活动。调解的一般程序包括调解开始、进行协商、达成协议三步。

5. 处理

环境保护监督管理部门对环境民事纠纷调解不成，或者达成协议以后当事人不履行时，就纠纷所作出的处理决定。在此，"处理决定"是根据当事人的请求，由环境保护监督管理部门居间依法进行的处理，这种处理行为属于行政行为，因此不具有法律强制力。

在调查阶段，未达成协议或者达成的协议未得到履行，说明该纠纷的行政处理程序尚未终结。调查小组应先集体评议，然后根据评议结果制作处理决定书。其格式与调解书类似。处理决定书制作完毕以后，应及时送达双方当事人。

6. 执行

执行，是指环境民事纠纷当事人履行环境保护监督管理部门依法作出的处理决定的行为。因为纠纷处理决定不具有法律强制力，所以在这里所说的执行，实际上就是指加害人按照处理决定的要求履行给付赔偿金义务的活动。

三、环境民事诉讼

环境民事诉讼，是指环境利益的主体在其环境权利受到或者可能受到损害时，依民事诉讼程序提出诉讼请求，人民法院依法对其审理和裁判的活动。在我国，环境民事诉讼主要有停止侵害之诉、排除危害之诉、消除危险之诉、恢复环境原状之诉和损害赔偿之诉。

近年来，出现了一些环境公益诉讼。环境公益诉讼，是指公民或者单位，在环境受到污染损害或者受到威胁时，为维护个人或者社会环境公益而向人民法院提出的民事诉讼。《中华人民共和国环境保护法》第五十八条规定了可以提起环境公益诉讼的社会组织资格。

关键词

环境污染民事责任、无过错责任、免责事由、不可抗力、举证责任转移、环境民事纠纷、行政调解。

小　结

本章介绍了环境民事责任的归责原则，同时还规定环境民事责任的认定存在免责事由，即排污单位造成了环境污染危害，由于不可归责的理由，法律规定可以不承担民事赔偿责任。环境民事纠纷的解决程序多样化，如和解、行政调解、诉讼等。

思考题

1. 什么是无过错责任原则？
2. 为什么在环境民事责任中实行无过错责任原则？
3. 无过错责任的免责条件是什么？
4. 什么是环境民事纠纷行政调解处理程序？它有什么特点？

第六章 环境刑事责任

▶▶ **本章导读**

掌握环境刑事责任的构成要件和刑罚的种类，了解环境犯罪的种类，能够分辨不同环境犯罪之间的区别。

环境犯罪，又称破坏环境与资源保护的犯罪，在西方国家也称危害环境的犯罪（Offense of Endangering Environment）。它是20世纪70年代以后随着环境污染损害的不断扩大，才在世界各国环境与刑事立法中规定的一种新的犯罪形态。

在我国，破坏环境与资源保护犯罪，是指违反国家环境法律的规定，向环境排放污染物或非法进口固体废物，造成重大环境污染事故并致使公私财产遭受重大损失或者人身伤亡的严重后果，以及破坏自然资源并且情节严重的行为。

有鉴于此，在西方国家纷纷修改刑法或制定刑事特别法以完善破坏环境与资源保护犯罪的进程中，我国也在修改《中华人民共和国刑法》时考虑到这一问题。考虑到中国刑事立法的统一以及刑法法典化等因素，《中华人民共和国刑法》第六章第六节规定了"破坏环境资源保护罪"。

一、环境刑事法律责任概述

环境保护领域中的刑事责任，是指公民或者法人故意者或者过失实施了严重污染或者破坏环境的行为，造成人身伤亡或者财产重大损失，触犯刑法构成犯罪所应负的刑事制裁的法律责任。《中华人民共和国刑法》设专章对犯罪行为所应承担的刑罚种类作了规定。从《中华人民共和国刑法》第三百三十八条至第三百四十六条的规定可知，对破坏环境资源保护罪的刑罚种类，只包括管制、拘役、有期徒刑三种主刑和罚金、没收财产两种附加刑。

污染环境或者破坏环境资源的行为是否构成犯罪，是否应当承担刑事责任，也需要行为符合法定的犯罪构成要件，需要从犯罪客体、犯罪客观方面、犯罪主体和犯罪主观方面进行认定。

1. 犯罪客体

犯罪客体，是指为《中华人民共和国刑法》所保护而被犯罪行为侵害或者威胁的社会主义权益，包括国家对环境保护的行政管理秩序。例如，国家安全、社会主义制度、公共财产、个人财产、生命、健康，等等。由于犯罪客体是区别罪名和量刑的重要依据，因而每一种犯罪的客体都必须明确。破坏环境资源保护罪的犯罪客体是环境要素或环境权益，而不是经济利益。

2. 犯罪客观方面

犯罪客观方面，是指犯罪行为及所造成的危害后果。在环境保护领域，犯罪行为表现为向环境排放、倾倒或者处置有毒有害物质造成环境严重污染的行为；非法猎捕、杀害国家重点保护的珍贵、濒危野生动物的行为；采取破坏性开采方法开采矿产资源的行为；盗伐、滥伐林木的行为；非法占用农用地的行为；非法采伐、毁坏珍贵树木的行为；在禁渔期、禁渔区或者使用禁用的工具、方法捕捞水产品，情节严重的行为等。

3. 犯罪主体

犯罪主体，是指实施犯罪行为，依法应对自己的罪行负刑事责任的人。根据《中华人民共和国刑法》第三十条规定的精神可知，"单位"包括公司、企业、事业单位、机关和社会团体。"个人"是指达到法定年龄并具有责任能力的我国公民。例如，《中华人民共和国刑法》第十七条规定："已满十六周岁的人犯罪，应当负刑事责任。已满十四周岁不满十六周岁的人，犯故意杀人、故意伤害致人重伤或者死亡、强奸、抢劫、贩卖毒品、放火、爆炸、投毒罪的，应当负刑事责任。"该法第十八条还对精神病人、醉酒的人犯罪作了规定。

4. 犯罪主观方面

犯罪主观方面，是指实施危害社会行为者对其行为及结果所持的故意或者过失的心理状态。在破坏环境资源保护罪中的各种具体犯罪，其主观方面多为故意，也包括过失。在破坏环境的犯罪中，其主观方面多为直接故意，且往往伴有牟取暴利或者其他非法利益的目的、动机。在污染环境资源犯罪中，则表现为间接故意；如果直接故意实施的，应定为危害公共安全罪或者侵犯公民人身权利罪（如放火、决水、爆炸、投毒罪、故意杀人罪和故意伤害罪）。

典型案例

A 污染环境案的犯罪构成分析

A（男，25 岁）承包了一个乡办小化工厂，为牟取暴利，明知无能力处理含氰化钠、氧化钾的剧毒工业废渣，却与某工厂签订了处理该厂含氰废渣的协议。从 2012 年到 2018 年，A 指使手下的人，把装运的废渣直接投入 B 河，前后 10 次共计 150 吨，造成水域严重污染、大量鱼及生物死亡、自来水停止供水、部分企业停产，直接经济损失约 300 万元，水域中含氰化物难以清除，潜在危害更难以估量。

本案中，在客观上，A 实施了废渣直接入河的危险行为，造成了水域严重污染和财产损失的危害后果，侵犯了公司财产所有权和国家环境保护制度；主观上，A 明知无能力处理含氰化钠、氧化钾的剧毒工业废渣，却与某工厂签订了处理该厂含氰废渣的协议，实施废渣入河的危害行为，属于故意犯罪。因此，A 的行为符合一般犯罪主体要求，构成环境犯罪。

二、《中华人民共和国刑法》中的破坏环境资源保护犯罪的主要罪名及其刑事责任

破坏环境资源保护罪按照《中华人民共和国刑法》的规定，可以分为污染环境的犯罪和破坏自然资源的犯罪两大类。污染环境的犯罪主要包括污染环境罪，非法倾倒、堆放、处置进口固体废物罪，擅自进口固体废物罪和走私固体废物罪。破坏自然资源的犯罪主要包括非法捕捞水产品罪，非法猎捕、杀害、收购、运输、出售国家重点保护珍贵、濒危野生动物罪，非法收购、运输、出售国家重点保护珍贵、濒危野生动物制品罪，非法狩猎罪，非法占用农用地罪，非法采矿罪，破坏性采矿罪，非法采伐、毁坏珍贵树木罪，盗伐林木罪，滥伐林木罪，非法收购、运输、盗伐、滥伐林木罪。《中华人民共和国刑法》第六章第六节对这些罪名作了具体规定。

（一）污染环境罪（第 338 条）

污染环境罪，是指违反环境保护法，排放、倾倒或者处置有害物质，严重污染环境，触犯《中华人民共和国刑法》构成犯罪的行为。《中华人民共和国刑法》第三百三十八条规定："违反国家规定，排放、倾倒或者处置有放射性的废物、含传染病病原体的废物、有毒物质或者其他有害物质，严重污染环境的，处三年以下有期徒刑或者拘役，并处或者单处罚金；后果特别严重的，处三年以上七年以下有期徒刑，并处罚金。"

本罪的构成要件包括：本罪的犯罪客体是公民的环境权益和国家对环境的管理秩序。本罪的犯罪客观方面的构成要件包含三个要素：

一是行为人的行为违反国家规定。这主要是指违反《中华人民共和国大气污染防治法》《中华人民共和国固体废物污染环境防治法》《中华人民共和国水污染防治法》《中华人民共和国海洋环境保护法》《中华人民共和国环境保护法》等法律，以及国务院颁布的相关法律的实施细则。

二是排放、倾倒或者处置有放射性的废物、含传染病病原体的废物、有毒物质或者其他危险废物。

三是严重污染环境。

犯罪主体为一般主体，既可以是个人，也可以是单位。本罪的犯罪主观方面的构成要件为过失。虽然行为人对于违反国家规定的行为可能是故意，但对于行为的后果的认识，即对严重污染环境的后果来说，只能是过失。

根据《中华人民共和国刑法》第三百三十八条的规定，犯本罪的，处三年以下有期徒刑或者拘役，并处或者单处罚金；后果特别严重的，处三年以上七年以下有期徒刑，并处罚金。

《最高人民法院、最高人民检察院关于办理环境污染刑事案件适用法律若干问题的解释》自 2017 年 1 月 1 日起施行。共 18 个条文，主要明确了 10 个方面的问题。

（1）明确了污染环境罪定罪量刑的具体标准。

（2）明确了非法处置进口固体废物罪、擅自进口固体废物罪、环境监管失职罪定罪量刑的具体标准。

（3）明确了宽严相济刑事政策的具体适用。

（4）明确了环境污染共同犯罪的处理原则。

（5）明确了环境污染犯罪竞合的处理原则。

（6）明确了环境影响评价造假的刑事责任追究问题。

（7）明确了破坏环境质量监测系统的定性及有关问题。

（8）明确了单位实施环境污染相关犯罪的定罪量刑标准。

（9）明确了"有毒物质"的范围和认定问题。

（10）明确了监测数据的证据资格。

（二）非法倾倒、堆放、处置进口固体废物罪（第 339 条第 1 款）

非法倾倒、堆放、处置进口固体废物罪，是指行为人违反国家规定，将境外的固体废物进境倾倒、堆放、处置，造成或者可能造成重大环境污染事故，致使公私财产遭受或者可能遭受重大损失或者严重危害人体健康，触犯《中华人民共和国刑法》构成犯罪的行为。

本罪的犯罪客体是公民的环境权益。犯罪对象是境外的废物，包括固体废物、城市生活垃圾和危险废物。本罪在犯罪客观方面表现为违反国家规定，将境外的固体废物进境倾倒、堆放、处置的行为。所谓倾倒，是指通过船舶、汽车等运载工具向我国境内任何地方倾卸固体废物的行为；堆放，是指将境外的固体废物任意堆存在我国境内的任何地方；处置，是指在中国境内将中国境外的固体废物进行焚烧和用其他方法改变固体废物的物理、化学、生物特性的方法，达到减少已产生的固体废物数量，缩小固体废物体积，减少或者消除其危险成分的活动，或者将固体废物最终置于符合环境保护规定要求的场所或者设施不再回取的活动。

（三）擅自进口固体废物罪（第 339 条第 2 款）

擅自进口固体废物罪，是指未经环境保护行政主管部门许可，擅自进口国家禁止进口或者限制进口用作原材料的固体废物，造成重大环境污染事故，致使公私财产遭受重大损失或者严重危害人体健康，触犯《中华人民共和国刑法》构成犯罪的行为。

本罪的犯罪客体是公民的环境权益。犯罪对象是国家禁止进口或者限制进口的固体废物。本罪在犯罪客观方面表现为未经环境保护行政主管部门同意，擅自进口国家禁止、限制进口的固体废物用作原料的行为，造成重大环境污染事故，致使公私财产遭受重大损失或者严重危害人体健康的行为。

（四）非法捕捞水产品罪（第 340 条）

非法捕捞水产品罪，是指违反保护水产资源法规，在禁渔区、禁渔期或者使用禁用的工具、方法捕捞水产品，情节严重，触犯《中华人民共和国刑法》构成犯罪的行为。

本罪的犯罪客体是渔业资源保护权益和国家对渔业的管理秩序。犯罪对象是在我国内水、滩涂、领海以及我国管辖的一切其他海域内的水生动物、水生植物等水产品。本罪在犯罪客观方面表现为行为人违反保护水产资源法规，在禁渔区、禁渔期或者使用禁用的工具、方法捕捞水产品。禁渔区，是指对某些重要鱼、虾、贝类的产卵场、越冬场和幼体索饵划定的一定区域，在此区域内禁止全部作业或者限制作业种类。禁渔期，是指根据某些鱼类产卵或者成长的时间而规定的禁止全部作业或者限制作业的一定期限。禁用的工具，是指禁止使用的超过国家关于不同捕捞对其所分别规定的最小网眼尺寸的网具和其他禁止使用的破坏水产资源的捕捞方法。禁用的方法，是指采用爆炸、放电、放毒等使水产品正常生长、繁殖受到损害的破坏性方法。本罪在犯罪客观方面除了要求上述行为外，还要求情节严重。这里的情节严重，是指为首或者聚众捕捞水产品的；大量非法捕捞水产品的；多次（三次以上）捕捞水产品的；采用毁灭性捕捞方法，造成水资源重大损失的；非法捕捞国家重点保护的名贵或者稀有的水产品的；非法捕捞、暴力抗拒渔政管理的；等等。

（五）非法猎捕、杀害、收购、运输、出售国家重点保护珍贵、濒危野生动物罪（第341条第1款）

非法猎捕、杀害、收购、运输、出售国家重点保护珍贵、濒危野生动物罪，是指违反《中华人民共和国野生动物保护法》的规定，猎捕、杀害或者收购、运输、出售国家重点保护的珍贵、濒危野生动物，触犯《中华人民共和国刑法》构成犯罪的行为。

本罪的犯罪客体是珍贵、濒危野生动物的生存权益和国家对其的管理秩序。犯罪对象是国家重点保护的珍贵、濒危野生动物。根据2000年11月27日最高人民法院《关于审理破坏野生动物资源刑事案件具体应用法律若干问题的解释》第一条的规定，是指列入国家重点保护野生动物名录的国家一、二级保护野生动物、列入《濒危野生动植物种国际贸易公约》附录一、附录二的野生动物以及驯养繁殖的上述物种。本罪在犯罪客观方面表现为非法猎捕、杀害、收购、运输、出售国家重点保护珍贵、濒危野生动物的行为。

（六）非法收购、运输、出售国家重点保护珍贵、濒危野生动物制品罪（第341条第1款）

非法收购、运输、出售国家重点保护珍贵、濒危野生动物制品罪，是指违反《中华人民共和国野生动物保护法》的规定，收购、运输、出售国家重点保护的珍贵、濒危野生动物制品，触犯《中华人民共和国刑法》构成犯罪的行为。

本罪的犯罪客体是国家重点保护的珍贵、濒危野生动物的生存权益和国家对其的管理秩序。犯罪对象是国家重点保护的珍贵、濒危野生动物制品，而不是所有的珍贵、濒危野生动物，也不是非国家重点保护的野生动物及其制品。本罪在犯罪客观方面表现为实施了收购、运输、出售国家重点保护的珍贵、濒危野生动物制品的行为。

（七）非法狩猎罪（第341条第2款）

非法狩猎罪，是指违反《中华人民共和国野生动物保护法》，在禁猎区、禁猎期或者使用禁用的工具、方法进行狩猎，破坏野生动物资源，情节严重，触犯《中华人民共和国刑法》构成犯罪的行为。

本罪的犯罪客体是野生动物的生存权益和国家对其的管理秩序。犯罪对象为除国家重点保护的珍贵、濒危野生动物之外的其他野生动物。本罪在犯罪客观方面表现为实施了违反"四禁"中的任何一种行为进行猎捕。"违法狩猎",表现为未取得狩猎证而狩猎或者超过猎捕量、违法狩猎限额狩猎,在自然保护区、禁猎区、禁猎期内狩猎,使用禁用的猎捕工具、方法狩猎,等等。"情节严重",主要是指非法狩猎,数额较大;经常非法狩猎,屡教不改;非法狩猎,不听劝阻,抗拒管理,行凶殴打管理人员;等等。

(八)非法占用农用地罪(第342条)

非法占用农用地罪,是指违反土地管理法规,非法占用耕地、林地等农用地,改变被占用土地用途,数量较大,造成耕地、林地等农用地大量毁坏,触犯《中华人民共和国刑法》构成犯罪的行为。

本罪的犯罪客体是公民耕地、林地资源的环境保护权益和国家对农用地的管理秩序。犯罪对象是耕地、林地而非其他土地。本罪在犯罪客观方面表现为非法占用耕地、林地数量较大,造成耕地、林地大量毁坏的行为。

(九)非法采矿罪(第343条第1款)

本罪在客观上表现为违反矿产资源保护法的规定,非法采矿、破坏矿产资源的行为。非法采矿,即无证开采,是指未取得采矿许可证,进入国家规划矿区、对国民经济具有重要价值的矿区和他人矿区范围采矿,擅自开采国家规定实行保护性开采的特定矿种,或者虽有采矿许可证,但不按采矿许可证上采矿范围等要求的,经责令停止开采后拒不停止开采,造成矿产资源破坏的行为。

本罪的主体为一般主体,但一般限于直接责任人员,具体包括国营、集体或乡镇矿山企业中作出非法采矿决策的领导人员和主要执行人员以及聚众非法采矿的煽动、组织、指挥人员和个体采矿人员。本罪主观上出于故意。其主观目的是为获取矿产品以牟利。

(十)破坏性采矿罪(第343条第2款)

破坏性采矿罪,是指违反《中华人民共和国矿产资源法》的规定,采取破坏性的开采方法开采矿产资源,造成矿产资源严重破坏,触犯《中华人民共和国刑法》构成犯罪的行为。

本罪的犯罪客体是国家对矿产资源的管理制度。矿产资源属于不可再生的资源,采取破坏性开采的方法,使矿产资源遭受毁灭,是对国家矿产资源管理制度的侵犯。

本罪在犯罪客观方面表现为采取破坏性的开采方法开采矿产资源,造成矿产资源遭受严重破坏的行为。

(十一)非法采伐、毁坏珍贵树木罪(第344条)

非法采伐、毁坏珍贵树木罪,是指违反《中华人民共和国森林法》和《中华人民共和国野生植物保护条例》的规定,非法采伐、毁坏珍贵树木或者是国家重点保护的其他植物的,或者非法收购、运输、加工、出售珍贵树木或者国家重点保护的其他植物及其制品的，触犯《中华人民共和国刑法》构成犯罪的行为。

本罪的犯罪客体是公民对珍贵树木的环境保护权益和国家对珍贵树木的管理秩序。犯罪对象是国家重点保护的珍贵树木，包括国家重点保护的其他植物，或者非法收购、运输、加工、出售珍贵树木或者国家重点保护的其他植物及制品。本罪在犯罪客观方面表现为非法采伐或者毁坏珍贵树木的行为。

（十二）盗伐林木罪（第345条第1款）

盗伐林木罪，是指违反《中华人民共和国森林法》的规定，以非法占有为目的和秘密的方法砍伐国家、集体或者他人森林或者其他林木，触犯《中华人民共和国刑法》构成犯罪的行为。

本罪的犯罪客体是公民对森林的环境保护权益和国家对森林资源的管理秩序，以及国家、集体或者个人对森林的所有权。犯罪对象为国家、集体或者他人的树木。本罪在犯罪客观方面表现为以秘密的方法砍伐大量的不属于自己的树木并占为己有的行为。

（十三）滥伐林木罪（第345条第2款）

滥伐林木罪，是指违反《中华人民共和国森林法》的规定，无采伐许可证或者未按照采伐许可证规定的地点、数量、树种、方式而任意采伐本单位所有或管理的，或者本人自留山的森林或者其他林木，数量较大，触犯《中华人民共和国刑法》构成犯罪的行为。

本罪的犯罪客体是公民对森林资源的环境保护权益和国家对森林资源的管理秩序。犯罪对象是本单位所有、所管或者本人种植、管理的林木。本罪在犯罪客观方面表现为无采伐许可证或者未按照采伐许可证的规定、要求进行采伐，而且数量较大。

（十四）非法收购、盗伐、滥伐林木罪（第345条第3款）

非法收购、盗伐、滥伐林木罪，是指违反《中华人民共和国森林法》的规定，以牟取暴利为目的而在林区非法收购明知是盗伐或者滥伐的林木，触犯《中华人民共和国刑法》构成犯罪的行为。

本罪的犯罪客体是公民的森林保护权益和国家对森林资源的管理秩序。犯罪对象是他人非法收购、盗伐、滥伐的林木，而且情节严重的行为。

阅读材料

最高人民法院、最高人民检察院关于办理环境污染刑事案件适用法律
若干问题的解释（自2017年1月1日起施行）节选
为依法惩治有关环境污染犯罪，根据《中华人民共和国刑法》《中华人民共和国刑事诉讼法》的有关规定，现就办理此类刑事案件适用法律的若干问题解释如下：

第一条 实施刑法第三百三十八条规定的行为，具有下列情形之一的，应当认定为"严重污染环境"：

（一）在饮用水水源一级保护区、自然保护区核心区排放、倾倒、处置有放射性的废物、含传染病病原体的废物、有毒物质的；

（二）非法排放、倾倒、处置危险废物三吨以上的；

（三）排放、倾倒、处置含铅、汞、镉、铬、砷、铊、锑的污染物，超过国家或者地方污染物排放标准三倍以上的；

（四）排放、倾倒、处置含镍、铜、锌、银、钒、锰、钴的污染物，超过国家或者地方污染物排放标准十倍以上的；

（五）通过暗管、渗井、渗坑、裂隙、溶洞、灌注等逃避监管的方式排放、倾倒、处置有放射性的废物、含传染病病原体的废物、有毒物质的；

（六）二年内曾因违反国家规定，排放、倾倒、处置有放射性的废物、含传染病病原体的废物、有毒物质受过两次以上行政处罚，又实施前列行为的；

（七）重点排污单位篡改、伪造自动监测数据或者干扰自动监测设施，排放化学需氧量、氨氮、二氧化硫、氮氧化物等污染物的；

（八）违法减少防治污染设施运行支出一百万元以上的；

（九）违法所得或者致使公私财产损失三十万元以上的；

（十）造成生态环境严重损害的；

（十一）致使乡镇以上集中式饮用水水源取水中断十二小时以上的；

（十二）致使基本农田、防护林地、特种用途林地五亩以上，其他农用地十亩（注：十五亩为一公顷）以上，其他土地二十亩以上基本功能丧失或者遭受永久性破坏的；

（十三）致使森林或者其他林木死亡五十立方米以上，或者幼树死亡二千五百株以上的；

（十四）致使疏散、转移群众五千人以上的；

（十五）致使三十人以上中毒的；

（十六）致使三人以上轻伤、轻度残疾或者器官组织损伤导致一般功能障碍的；

（十七）致使一人以上重伤、中度残疾或者器官组织损伤导致严重功能障碍的；

（十八）其他严重污染环境的情形。

第二条 实施刑法第三百三十九条、第四百零八条规定的行为，致使公私财产损失三十万元以上，或者具有本解释第一条第十项至第十七项规定情形之一的，应当认定为"致使公私财产遭受重大损失或者严重危害人体健康"或者"致使公私财产遭受重大损失或者造成人身伤亡的严重后果"。

第三条 实施刑法第三百三十八条、第三百三十九条规定的行为，具有下列情形之一的，应当认定为"后果特别严重"：

（一）致使县级以上城区集中式饮用水水源取水中断十二小时以上的；

（二）非法排放、倾倒、处置危险废物一百吨以上的；

（三）致使基本农田、防护林地、特种用途林地十五亩以上，其他农用地三十亩以上，其他土地六十亩以上基本功能丧失或者遭受永久性破坏的；

（四）致使森林或者其他林木死亡一百五十立方米以上，或者幼树死亡七千五百株以上的；

（五）致使公私财产损失一百万元以上的；

（六）造成生态环境特别严重损害的；

（七）致使疏散、转移群众一万五千人以上的；

（八）致使一百人以上中毒的；

（九）致使十人以上轻伤、轻度残疾或者器官组织损伤导致一般功能障碍的；

（十）致使三人以上重伤、中度残疾或者器官组织损伤导致严重功能障碍的；

（十一）致使一人以上重伤、中度残疾或者器官组织损伤导致严重功能障碍，并致使五人以上轻伤、轻度残疾或者器官组织损伤导致一般功能障碍的；

（十二）致使一人以上死亡或者重度残疾的；

（十三）其他后果特别严重的情形。

第四条　实施刑法第三百三十八条、第三百三十九条规定的犯罪行为，具有下列情形之一的，应当从重处罚：

（一）阻挠环境监督检查或者突发环境事件调查，尚不构成妨害公务等犯罪的；

（二）在医院、学校、居民区等人口集中地区及其附近，违反国家规定排放、倾倒、处置有放射性的废物、含传染病病原体的废物、有毒物质或者其他有害物质的；

（三）在重污染天气预警期间、突发环境事件处置期间或者被责令限期整改期间，违反国家规定排放、倾倒、处置有放射性的废物、含传染病病原体的废物、有毒物质或者其他有害物质的；

（四）具有危险废物经营许可证的企业违反国家规定排放、倾倒、处置有放射性的废物、含传染病病原体的废物、有毒物质或者其他有害物质的。

第十条　违反国家规定，针对环境质量监测系统实施下列行为，或者强令、指使、授意他人实施下列行为的，应当依照刑法第二百八十六条的规定，以破坏计算机信息系统罪论处：

（一）修改参数或者监测数据的；

（二）干扰采样，致使监测数据严重失真的；

（三）其他破坏环境质量监测系统的行为。

重点排污单位篡改、伪造自动监测数据或者干扰自动监测设施，排放化学需氧量、氨氮、二氧化硫、氮氧化物等污染物，同时构成污染环境罪和破坏计算机信息系统罪的，依照处罚较重的规定定罪处罚。

从事环境监测设施维护、运营的人员实施或者参与实施篡改、伪造自动监测数据、干扰自动监测设施、破坏环境质量监测系统等行为的，应当从重处罚。

关键词

环境刑事责任、犯罪主体、犯罪主观方面、犯罪客体、犯罪客观方面、刑罚、污染环境罪。

本章小结

本章介绍了环境刑事责任的构成要件，作为环境法律责任中最严厉的处罚方式，其针对的是非常严重的违法行为，将负刑事制裁的法律责任，所以犯罪行为的判定也非常严格。只有完全符合犯罪构成所有条件的行为才能被认定为犯罪。通过本章学习能准确掌握刑罚的种类，能够区分不同环境犯罪的种类。

思考题

1. 什么是环境刑事责任？我国关于环境刑事责任的立法如何？
2. 什么是破坏环境资源保护罪？它包括哪些罪名？
3. 试分析污染环境罪的犯罪构成。

第七章 自然资源保护法

本章导读

　　掌握我国自然资源保护的方针、原则，熟悉我国自然资源保护方面的主要法律、法规及规章。

第一节
自然资源保护法概述

一、自然资源

　　1972 年，联合国环境规划署对"自然资源"一词的解释为：在一定时间条件下，能够产生经济价值、提高人类当前和未来福利的自然环境因素的总称。

　　自然资源是自然环境的重要组成部分，各种自然资源之间彼此相互关联、相互影响，共同构成一个有机联系的统一整体。自然资源的分布，由于受太阳辐射、大气环流、地质构造等因素的影响，在不同地区的分布是不均衡的，存在着明显的地域差异性，如我国北方的煤炭资源就比南方多，而水资源却比南方贫乏。自然资源不是取之不尽、用之不竭的，其数量或者可利用的能力是有限的。自然资源按照不同的划分标准，可以进行多种分类。按其用途可以分为生产资源、风景资源和科研资源；按其属性可以分为土地资源、水资源、矿产资源、森林资源、草原资源、野生动物资源等；按其再生程度可以分为可再生资源、不可再生资源和取之不尽资源。

二、自然资源保护法

　　自然资源保护法，是指由国家制定或认可，并由国家强制力保证其实施的，调整人们在自然资源开发、利用、保护和管理活动中所产生的各种社会关系的法律规范的总称，它是一个国家环境法体系的重要组成部分。其目的是规范人们开发利用自然资源的行为，防止对自然资源的过度开发，保护和改善人类赖以生存和发展的自然基础条件，协调人类与自然的关系，实现人与自然的和谐发展，推进生态文明建设，保障经济和社会的可持续发展。

　　自然资源保护法是一部综合性的法律法规，它是由各种自然资源单行法律法规中的自然资源保护规范组成的。具体包括土地资源保护法、水资源保护法、矿产资源保护法、森林资源保护法、草原资源保护法、野生动植物资源保护法、海洋资源保护法、渔业资源保护法、自然保护区条例、风景名胜区法条例、节约能源法与可再生能源法等单行法律法规中的自然资源保护规范。

阅读材料

国务院关于实行最严格水资源管理制度的意见

2012 年 1 月，国务院发布了《关于实行最严格水资源管理制度的意见》。这是继 2011 年《中共中央　国务院关于加快水利改革发展的决定》（中发〔2011〕1 号）和中央水利工作会议明确要求实行最严格水资源管理制度以来，国务院对实行该制度作出的全面部署和具体安排，是指导当前和今后一个时期我国水资源工作的纲领性文件。对于解决我国复杂的水资源、水环境问题，实现经济社会的可持续发展具有深远意义和重要影响。2013 年 1 月 2 日，国务院办公厅发布《实行最严格水资源管理制度考核办法》，该办法自发布之日起施行。

《中共中央关于制定国民经济和社会发展第十三个五年规划的建议》明确提出，"实行最严格的水资源管理制度，以水定产、以水定城，建设节水型社会"。这是党中央在深刻把握我国基本国情、水情和经济发展新常态，准确判断"十三五"时期水资源严峻形势的基础上，按照创新、协调、绿色、开放、共享的发展理念，针对水资源管理工作提出的指导方针和总体要求。

主要内容是确立"三条红线"，实施"四项制度"。

三条红线

一是确立水资源开发利用控制红线，预计到 2030 年全国用水总量控制在 7000 亿立方米以内。

二是确立用水效率控制红线，预计到 2030 年用水效率达到或接近世界先进水平，万元工业增加值用水量降低到 40 立方米以下，农田灌溉水有效利用系数提高到 0.6 以上。

三是确立水功能区限制纳污红线，预计到 2030 年主要污染物入河湖总量控制在水功能区纳污能力范围之内，水功能区水质达标率提高到 95％以上。

为实现上述红线目标，进一步明确了 2015 年和 2020 年水资源管理的阶段性目标。

四项制度

一是用水总量控制。加强水资源开发利用控制红线管理，严格实行用水总量控制，包括严格规划管理和水资源论证，严格控制流域和区域取用水总量，严格实施取水许可，严格水资源有偿使用，严格地下水管理和保护，强化水资源统一调度。

二是用水效率控制制度。加强用水效率控制红线管理，全面推进节水型社会建设，包括全面加强节约用水管理，把节约用水贯穿于经济社会发展和群众生活生产全过程，强化用水定额管理，加快推进节水技术改造。

三是水功能区限制纳污制度。加强水功能区限制纳污红线管理，严格控制入河湖排污总量，包括严格水功能区监督管理，加强饮用水水源地保护，推进水生态系统保护与修复。

四是水资源管理责任和考核制度。将水资源开发利用、节约和保护的主要指标纳入地方经济社会发展综合评价体系，县级以上人民政府主要负责人对本行政区域水资源管理和保护工作负总责。

第二节
保护土地、水和矿产资源的法律规定

一、保护土地资源的法律规定

（一）土地的概述

《中华人民共和国土地管理法》所称的土地，是指中华人民共和国境内的一切土地。主要包括：

（1）农用地，即直接用于农业生产的耕地、林地、草地、农田水利用地、养殖水面等；

（2）建设用地，即城乡住宅和公共设施用地、工矿用地、交通水利设施用地、旅游用地、军事设施用地等；

（3）未利用地，是指农用地和建设用地以外的土地，即尚没有明确用途或者人类未以生物技术或者工程措施进行改造利用的土地。

土地具有面积的有限性、位置的固定性、功能的不可替代性、生产能力的永久性等特性。土地是构成自然环境的基本要素，是珍贵的自然资源，也是国家宝贵的物质财富。

（二）保护土地的立法概况

保护土地的法律，主要有《中华人民共和国土地管理法》《中华人民共和国农村土地承包法》《中华人民共和国城市房地产管理法》《中华人民共和国农业法》等。

保护土地的行政法规，主要有《中华人民共和国土地管理法实施条例》《中华人民共和国农业法基本农田保护条例》《土地复垦规定》，以及《节约集约利用土地规定》等。

（三）土地资源保护的规定

1. 土地权属制度

我国实行土地的社会主义公有制，即全民所有制和劳动群众集体所有制。

全民所有，即国家所有土地的所有权由国务院代表国家行使。属于全民所有，即国家所有的土地有：

（1）城市市区的土地；

（2）农村和城市郊区中已经依法没收、征收、征购为国有的土地；

（3）国家依法征用的土地；

（4）依法不属于集体所有的林地、草地、荒地、滩涂及其他土地；

（5）农村集体经济组织全部成员转为城镇居民的，原属于其成员集体所有的土地；

（6）因国家组织移民、自然灾害等原因，农民成建制地集体迁移后不再使用的原属于迁移农民集体所有的土地。

农村和城市郊区的土地，除由法律规定属于国家所有的以外，属于农民集体所有；宅基地和自留地、自留山，属于农民集体所有。

任何单位和个人不得侵占、买卖或者以其他形式非法转让土地。土地使用权可以依法转让。

买卖或者以其他形式非法转让土地的，由县级以上人民政府土地行政主管部门没收违法所得；对直接负责的主管人员和其他直接责任人员，依法给予行政处分；构成犯罪的，依法追究刑事责任。

2. 土地利用规划制度

（1）土地利用总体规划编制原则。土地利用总体规划按照下列原则编制：

① 严格保护基本农田，控制非农业建设占用农用地；

② 提高土地利用率；

③ 统筹安排各类、各区域用地；

④ 保护和改善生态环境，保障土地的可持续利用；

⑤ 占用耕地与开发复垦耕地相平衡。

（2）土地利用总体规划的审批。全国土地利用总体规划由国务院土地行政主管部门会同有关部门拟定，报国务院批准执行。省级土地利用总体规划，报国务院批准；省、自治区人民政府所在地的市、人口在一百万以上的城市以及国务院指定的城市的土地利用总体规划，经省、自治区人民政府审查同意后，报国务院批准。除此以外的土地利用总体规划，逐级上报省级人民政府批准。其中，乡（镇）土地利用总体规划，可以由省级人民政府授权的设区的市（自治州）人民政府批准。

对违反土地利用总体规划擅自将农用地改为建设用地的，限期拆除在非法转让的土地上新建的建筑物和其他设施，恢复土地原状，对符合土地利用总体规划的，没收在非法转让的土地上新建的建筑物和其他设施，可以并处罚款；对直接负责的主管人员和其他直接责任人员，依法给予行政处分；构成犯罪的，依法追究刑事责任。

3. 关于保护耕地的规定

（1）实行占用耕地补偿制度。为了防止耕地减少，实现耕地总量动态平衡，国家对耕地实行特殊保护，非农业建设经批准占用耕地的，应按照"占多少、垦多少"的原则，由占用耕地的单位负责开垦与所占用耕地的数量与质量相当的耕地；没有条件开垦或者开垦的耕地不符合要求的，应当按照省级人民政府的规定缴纳耕地开垦费，专款用于开垦新的耕地。

（2）保证耕地总量不减少。省级人民政府应当严格执行土地利用总体规划和土地利用年度计划，采取措施，确保本行政区域内耕地总量不减少；耕地总量减少的，由国务院责令在规定期限内组织开垦与所减少耕地的数量与质量相当的耕地,并由国务院土地行政主管部门会同农业行政主管部门验收。个别省、自治区、直辖市确因土地后备资源匮乏,新增建设用地后,新开垦耕地的数量不足以补偿所占用耕地的数量的,必须报经国务院批准减免本行政区域内开垦耕地的数量,进行异地开垦。

(3) 实行基本农田保护制度。应当划入基本农田保护区的耕地包括:

第一,经国务院有关主管部门或者县级以上地方人民政府批准确定的粮、棉、油生产基地内的耕地;

第二,有良好的水利与水土保持设施的耕地,正在实施改造计划以及可以改造的中、低产田;

第三,蔬菜生产基地;

第四,农业科研、教学试验田。

(4) 节约使用土地,禁止闲置、荒芜耕地。

第一,非农业建设必须节约使用土地,可以利用荒地的,不得占用耕地;可以使用劣地的,不得占用好地;

第二,禁止占用耕地建窑、建坟或者擅自在耕地上建房、挖砂、采石、采矿、取土等;

第三,禁止占用基本农田发展林果业和挖塘养鱼;

第四,禁止任何单位和个人闲置、荒芜耕地。

占用耕地建窑、建坟或者擅自在耕地上建房、挖砂、采石、采矿、取土等,破坏种植条件的,或者因开发土地造成土地荒漠化、盐渍化的,由县级以上人民政府土地行政主管部门责令限期改正或者治理,可以并处罚款;构成犯罪的,依法追究刑事责任。

(5) 进行土地复垦,优先用于农业。土地复垦,是指对在生产建设过程中,因挖损、塌陷、压占等造成破坏的土地,采取整治措施,使其恢复到可供利用状态的活动。

违反规定,拒不履行土地复垦义务的,由县级以上人民政府土地行政主管部门责令限期改正;逾期不改正的,责令缴纳复垦费,专项用于土地复垦,可以处以罚款。

我国土地资源保护立法特别强调保护耕地的原因,主要包括:由于我国人口众多,人均耕地较少,耕地保护是关系我国经济和社会可持续发展的全局性战略问题。"十分珍惜和合理利用土地,切实保护耕地"是必须长期坚持的一项基本国策。因此,保护耕地成为我国土地管理立法的重要内容。

4. 关于控制建设用地的规定

建设用地,是指建造建筑物、构筑物的土地。基于土地资源的有限性和不可替代性,以及土地资源受到污染和破坏后很难恢复等特性,必须严格控制建设用地。

(1) 建立严格的农用地转用和征地审批制度。凡是建设占用土地,涉及农用地转为建设用地的,应当办理农用地转用审批手续。

(2) 土地征收制度。国家征收土地应依照法定程序批准,由县级以上地方人民政府予以公告并组织实施。征收其他土地的土地补偿费和安置补助费标准,由省、自治区、直辖市参照征收耕地的土地补偿费和安置补助费的标准规定。

(3) 严格控制乡（镇）村建设用地。

① 控制乡镇企业建设用地。农村集体经济组织使用乡（镇）土地利用总体规划确定的建设用地兴办企业或者与其他单位、个人以土地使用权入股、联营等形式共同举办企业的，应当持有关批准文件，向县级以上地方人民政府土地行政主管部门提出申请，按照省、自治区、直辖市规定的批准权限，由县级以上地方人民政府批准；其中，涉及占用农用地的，依照规定办理审批手续。

② 控制乡（镇）村公共设施、公益事业建设用地。乡（镇）村公共设施、公益事业建设，需要使用土地的，经乡（镇）人民政府审核，向县级以上地方人民政府土地行政主管部门提出申请，按照省、自治区、直辖市规定的批准权限，由县级以上地方人民政府批准；其中，涉及占用农用地的，依照规定办理审批手续。

③ 农民集体所有的土地的使用权不得出让、转让或者出租用于非农业建设。但是，符合土地利用总体规划并依法取得建设用地的企业，因破产、兼并等情形致使土地使用权依法发生转移的除外。

擅自将农民集体所有的土地的使用权出让、转让或者出租用于非农业建设的，由县级以上人民政府土地行政主管部门责令限期改正，没收违法所得，并处罚款，罚款额为非法所得的百分之五以上百分之二十以下。

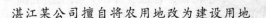

典型案例

湛江某公司擅自将农用地改为建设用地

湛江市某经济合作社为了搞活集体经济，解决村内富余人员的工作和生活，2013 年 5 月 10 日，经湛江市工商行政管理局坡头分局批准成立了湛江市某投资置业有限公司。2013 年 10 月 3 日，该公司未经批准，擅自在集体土地上建设楼房，拟作为旅游度假项目。经湛江市国土测绘大队测量，并由该公司确认，实际占地面积为 6073.37 平方米，其中，建筑面积为 3170.03 平方米。该宗用地类为耕地（5901.17 平方米）、沟渠（172.20 平方米），符合土地利用总体规划的为 4402.42 平方米，不符合土地利用总体规划的为 1670.95 平方米。该公司未经批准，擅自将农用地改为建设用地的行为，违反了《中华人民共和国土地管理法》第三十六条和第四十四条的规定，构成非法占用土地的违法事实。根据《中华人民共和国土地管理法》第七十六条和《中华人民共和国土地管理法实施条例》第四十二条的规定，湛江市国土局对该公司作出如下行政处罚：

一、没收在非法占用 6073.37 平方米土地上新建的 3170.03 平方米建筑物和其他设施；

二、对非法占用 5901.17 平方米耕地处以每平方米 20 元的罚款，计罚款为 118023.4 元；对非法占用 172.20 平方米沟渠用地处以每平方米 15 元的罚款，计罚款为 2583 元，两项罚款合计为 120606.4 元。

二、保护水资源的法律规定

水是自然环境的基本要素，它在自然界中以固态、液态和气态三种状态存在。水和水资源是两个不同的概念。水包括资源水和商品水；水资源一般指处于自然状态下的水，包括江河、湖泊、冰川等地表水和位于地壳上部岩石中的浅层地下水。水具有流动性、有限性、分布不均匀性、多功能性。

我国的水资源保护法确立了下列基本原则：

（1）水资源国家所有原则。《中华人民共和国水法》明确规定，水资源属于国家所有，即全民所有。

（2）全面规划、综合利用的原则。《中华人民共和国水法》规定，国家鼓励和支持开发利用水资源和防治水害的各项事业；开发利用水资源和防治水害，应当全面规划、统筹兼顾、综合利用、讲求效益、发挥水资源的多种功能。

（3）节约用水原则。《中华人民共和国水法》作出了国家厉行节约用水的规定，规定的具有措施包括实行供用水合同制；采用循环用水、一水多用；实行节水措施和主体工程"三同时"；实行节约用水、浪费有罚。

（一）保护水资源的立法概况

保护水资源的法律主要有《中华人民共和国水法》《中华人民共和国防洪法》。保护水资源的行政法规主要有《中华人民共和国河道管理条例》《中华人民共和国防汛条例》《取水许可和水资源费征收管理条例》。

（二）水资源保护的基本法律制度

1. 水资源权属制度

水资源属于国家所有。水资源的所有权由国务院代表国家行使。农村集体经济组织的水塘和由农村集体经济组织修建管理的水库中的水，归该农村集体经济组织使用。

2. 管理体制

国家对水资源实行流域管理与行政区域管理相结合的管理体制。国务院水行政主管部门负责全国水资源的统一管理和监督工作。流域管理就是将流域作为基本单元，把地表水与地下水、水量与水质、水资源与水环境作为一个相互依存的完整系统而实施的综合管理。水资源流域管理体制有利于改变以往分割管理体制下政出多门的弊端。

3. 水资源规划制度

开发、利用、节约、保护水资源和防治水害，应当按照流域、区域统一制定规划。规划分为流域规划和区域规划。流域规划包括流域综合规划和流域专业规划；区域规划包括区域综合规划和区域专业规划。流域范围内的区域规划应当服从流域规划，专业规划应当服从综合规划。

4. 水资源、水域和水工程的保护

禁止在饮用水水源保护区内设置排污口。禁止在江河、湖泊、水库、运河、渠道内弃置、堆放阻碍行洪的物体和种植阻碍行洪的林木及高秆作物。禁止在河道管理范围内建设妨碍行洪的建筑物、构筑物以及从事影响河势稳定、危害河岸堤防安全和其他妨碍河道行洪的活动。

5. 取水许可证制度和有偿使用制度

直接从江河、湖泊或者地下取用水资源的单位和个人，应当按照国家取水许可制度和水资源有偿使用制度的规定，向水行政主管部门或者流域管理机构申请领取取水许可证，并缴纳水资源费，取得取水权。但是，家庭生活和零星散养、圈养畜禽饮用等少量取水的除外。

三、保护矿产资源的法律规定

（一）保护矿产资源的立法概况

保护矿产资源的法律规定，主要是《中华人民共和国矿产资源法》。保护矿产资源的行政法规，主要是《中华人民共和国矿产资源法实施细则》。保护矿产资源的部门规章，主要有《矿产资源开采登记管理办法》《矿产资源补偿费征收管理办法》《矿产资源勘查区块登记管理办法》《矿产资源规划实施管理办法》。

（二）矿产资源保护的基本法律制度

1. 探矿权、采矿权有偿取得和转让制度

探矿权，是指在依法取得的勘查许可证规定的范围内，勘查矿产资源的权利。采矿权，是指在依法取得采矿许可证规定的范围内，开采矿产资源和获得所开采的矿产品的权利。《中华人民共和国矿产资源法》第五条规定："国家实行探矿权人、采矿权有偿取得的制度"。

实行该项制度，有利于加强对矿产资源勘查、开采的管理，制约矿业权投机行为，维护国家对矿产资源的所有权，同时也有利于保护探矿权人、采矿权人的合法权益，促进矿业可持续发展。

2. 矿产资源开采登记管理制度

根据《中华人民共和国矿产资源法》《矿产资源开采登记管理办法》的规定，该项制度的主要内容包括：

（1）矿产资源的开采审批登记及颁发采矿许可证的管辖权限。按照矿产资源的重要程度和矿种的不同，矿产资源开采的审批登记及颁发许可证分别由国务院、省、地（市）、县四级地质矿产行政管理机关负责。

（2）采矿权的申请程序。采矿权申请人申请办理采矿许可证时，应当向登记管理机关提交规定的有关资料。登记管理机关收到采矿申请后准予登记的，采矿申请人应当自收到通知之日起 30 天内，按规定缴纳费用，办理登记手续，领取采矿许可证，成为采矿权人。

3. 矿产资源补偿费制度

征收矿产资源补偿费，是利用经济手段促进矿产资源合理开发、综合利用、有效保护的重要举措，也是保护管理矿产资源、积累资金的一条重要途径。根据《中华人民共和国矿产资源法》《矿产资源补偿费征收管理规定》，该制度的主要内容包括：

第一，矿产资源补偿费的缴纳和征收。矿产资源补偿费由采矿权人缴纳，由地质矿产主管部门会同财政部门征收。

第二，矿产资源补偿费的分配和管理。征收的矿产资源补偿费，应当及时全额就地上缴中央国库。中央与省、直辖市矿产资源补偿费的分配比例为 5：5；中央与自治区矿产资源补偿费的分配比例为 4：6。矿产资源补偿费纳入国家预算，实行专项管理，主要用于矿产资源勘查。

第三，矿产资源补偿费的免缴和减缴。免缴矿产资源补偿费的情形包括：从废石（矸石）中回收矿产品；按照国家有关规定经批准开采已关闭矿山的非保安残留矿体的；国务院地质矿产主管部门会同国务院财政部门认定免缴的其他情形。

减缴矿产资源补偿费的情形包括：从尾矿中回收矿产品的；开采未达到工业品位或者未计算储量的低品位矿产资源的；依法开采水体下、建筑物下、交通要道下的矿产资源的；由于执行国家定价而形成政策性亏损的；国务院地质矿产主管部门会同国务院财政部门认定减缴的其他情形。采矿权人减缴的矿产资源补偿费超过应当缴纳的矿产资源补偿费 50% 的，须经省级人民政府批准。

4. 关于集体矿山企业和个体采矿的规定

（1）国家对集体矿山企业和个体采矿实行积极扶持、合理规划、正确引导、加强管理的方针，鼓励集体矿山企业开采国家指定范围内的矿产资源，允许个人采挖零星分散资源和只能用作普通建筑材料的砂、石、粘土以及为生活自用采挖少量矿产。

（2）个人不得开采如下矿产资源：

① 矿产储量规模适宜由矿山企业开采的矿产资源；

② 国家规定实行保护性开采的特定矿种；

③ 国家规定禁止个人开采的其他矿产资源。

（3）乡镇集体矿山企业和个体采矿应当提高技术水平，提高矿产资源回收率。禁止乱挖滥采，破坏矿产资源。

5. 关于开采矿产资源，保护生态环境的规定

矿山企业在开采矿产资源过程中，排放的"三废"会影响到周围环境和生态平衡。为避免或减轻矿产资源开发利用对环境的不良影响，《中华人民共和国矿产资源法》等作了如下

规定：

（1）开采矿产资源，必须遵守有关环境保护的法律规定，防止污染环境。同时，应当节约用地，耕地、草原、林地因采矿受到破坏的，矿山企业应当因地制宜地采取复垦利用、植树种草或者其他利用措施。

（2）关闭矿山，必须进行土地复垦和环境保护。

（3）禁止在特定区域内开采矿产资源。非经国务院授权的有关主管部门同意，不得在重要河流、堤坝两侧一定距离内以及国家划定的自然保护区、重要风景名胜区、国家重点保护的不能移动的历史文物和名胜古迹所在地开采矿产资源。

（4）在勘查、开采过程中，发现具有重大科学文化价值的罕见地质现象以及文化古迹，应当加以保护并及时报告有关部门。

阅读材料

稀土开发的生态环境破坏问题

稀土开采、选冶、分离存在落后的生产工艺和技术，严重破坏地表植被，造成水土流失和土壤污染、酸化，使得农作物减产甚至绝收。离子型中重稀土矿过去采用落后的堆浸、池浸工艺，每生产1吨稀土氧化物产生约2000吨尾砂，目前虽已采用较为先进的原地浸矿工艺，但仍不可避免地产生大量氨氮、重金属等污染物，造成破坏植被，严重污染地表水、地下水和农田。轻稀土矿多为金属共伴生矿，在冶炼、分离过程中会产生大量有毒有害气体、高浓度氨氮废水、放射性废渣等污染物。一些地方因为对稀土的过度开采，还造成山体滑坡、河道堵塞、突发性环境污染事件，甚至造成重大环境事故灾难，给公众的生命健康和生态环境带来重大损失，而生态环境的恢复与治理，也成为一些稀土产区的沉重负担。

第三节
保护森林、草原、野生动植物和渔业
资源的法律规定

一、保护森林的法律规定

（一）保护森林的立法概况

保护森林的法律，主要是《中华人民共和国森林法》。

保护森林的行政法规，主要有《森林采伐更新管理办法》《森林防火条例》《中华人民共和国森林法实施条例》《退耕还林条例》《国家处置重、特大森林火灾应急预案》。

保护森林的部门规章，主要有《林业行政处罚程序规定》《森林植被恢复费征收使用管理暂行办法》《中央财政森林生态效益补偿基金管理办法》《林业统计管理办法》《突发林业有害生物事件处置办法》《开展林木转基因工程活动审批管理办法》。

（二）森林保护的基本法律制度

1. 森林权属制度

森林资源属于国家所有，由法律规定属于集体所有的除外。国有企业事业单位、机关、团体、部队营造的林木，由营造单位经营并按照国家规定支配林木收益。集体所有制单位营造的林木，归该单位所有。农村居民在房前屋后、自留地、自留山种植的林木，归个人所有。城镇居民和职工在自有房屋的庭院内种植的林木，归个人所有。集体或者个人承包国家所有和集体所有的宜林荒山荒地造林的，承包后种植的林木归承包的集体或者个人所有；承包合同另有规定的，按照承包合同的规定执行。

2. 关于森林保护的规定

（1）建立林业基金制度。林业基金由国家对林业的投资、各级财政的拨款、银行的贷款、按照规定提取的育林基金和更新改造资金、接收的捐赠款、经过批准的其他资金等组成，主要用于营林生产性支出，专款专用。

（2）设立森林生态效益补偿基金。《中华人民共和国森林法》规定，国家设立森林生态效益补偿基金，用于提供生态效益的防护林和特种用途林的森林资源、林木的营造、抚育、保护和管理。森林生态效益补偿基金必须专款专用，不得挪作他用。这一规定是基于我国生态公益林占全国森林总面积的一半以上，这些森林资源只有生态效益和社会效益，造林营林的投入无法通过市场交换得到回收和补偿。因此，只有通过设立森林生态效益补偿基金来保证从事生态公益林建设者投入的积极性，从而达到林业生态公益事业的正常运转。

（3）征收森林植被恢复费。征收森林植被恢复费，是指进行勘查、开采矿藏和各项建设工程的单位因占用或者征用林地时，须缴纳一定数额的费用，以恢复森林植被。森林植被恢复费专款专用，由林业主管部门依照规定统一安排植树造林，恢复森林植被，植树造林面积不得少于因占用、征用林地而减少的森林植被面积。

（4）建立护林组织，负责护林工作。地方各级人民政府应当组织有关部门建立护林组织，负责护林工作。护林员的主要职责包括：巡护森林，制止破坏森林资源的行为；对造成森林资源破坏的，有权要求当地有关部门处理。

（5）防治森林火灾。防治森林火灾工作实行"预防为主，积极消灭"的方针，遵从《国家处置重、特大森林火灾应急预案》的规定。

（6）防治森林病虫害。森林病虫害防治实行"预防为主，综合治理"的方针和"谁经营、谁防治"的责任制度。各级林业主管部门负责组织森林病虫害防治工作，规定林木种苗的检疫对象，划定疫区和保护区，对林木种苗进行检疫。

（7）禁止毁林行为。《中华人民共和国森林法》第二十三条规定："禁止毁林开垦和毁林采石、采砂、采土以及其他毁林行为。禁止在幼林地和特种用途林内砍柴、放牧。进入森林和森林边缘地区的人员，不得擅自移动或者损坏为林业服务的标志。"

（8）建立自然保护区。《中华人民共和国森林法》第二十四条规定："国务院林业主管部门和省、自治区、直辖市人民政府，应当在不同自然地带的典型森林生态地区、珍贵动物和植物生长繁殖的林区、天然热带雨林区和具有特殊保护价值的其他天然林区，划定自然保护区，加强保护管理。"

3. 森林采伐的规定

（1）制定森林年采伐限额。国家根据用材林的消耗量低于生长量的原则，严格控制森林年采伐量。国家所有的森林和林木以国有林业企业事业单位、农场、厂矿为单位，集体所有的森林和林木、个人所有的林木以县为单位，制定年采伐限额，由省级林业主管部门汇总，经同级人民政府审核后，报国务院批准。

（2）实行林木采伐许可证制度。

① 申请林木采伐许可证的范围。除农村居民采伐自留地和房前屋后个人所有的零星林木外，采伐林木必须申请采伐许可证。

② 林木采伐许可证由所在地县级以上林业主管部门或者有关主管部门依照规定审核发放。

③ 采伐林木的单位或者个人，必须按照采伐许可证规定的面积、株数、树种、期限完成更新造林任务，更新造林的面积和株数不得少于采伐的面积和株数。

值得注意的是，根据最高人民法院、最高人民检察院发布的《关于办理盗伐、滥伐林木案件应用法律的几个问题的解释》的精神，第一条第一款第二项关于"以非法占有为目的，擅自砍伐本人承包经营管理的国家或集体所有的森林或其他林木，情节严重的，也构成盗伐林木罪"。这意味着，未经批准，即便是本人承包的责任林，也不得擅自砍伐。

4. 禁止、限制出口珍贵树木及其制品、衍生物

《中华人民共和国森林法》第三十八条规定："国家禁止、限制出口珍贵树木及其制品、衍生物。禁止、限制出口的珍贵树木及其制品、衍生物的名录和年度限制出口总量，由国务院林业主管部门会同国务院有关部门制定，报国务院批准。"

（1）出口国家限制出口珍贵树木及其制品、衍生物的，必须经出口人所在地省级人民政府林业主管部门审核，报国务院林业主管部门批准，海关凭国务院林业主管部门批准文件放行。

（2）进出口的树木或者其制品、衍生物属于中国参加的国际公约限制进出口的濒危物种的，必须向国家濒危物种进出口管理机构申请办理允许进出口证明书，海关凭允许进出口证明书放行。

典型案例

男子无证砍伐自家树木获刑

一男子无证砍伐自家所有杉木 16.4970 立方米。日前，广西富川瑶族自治县人民法院以滥伐林木罪依法判处其有期徒刑 8 个月。

2013 年 6 月，被告人黄某在未办理林木采伐许可证的情况下，将自家种的位于富川瑶族自治县富阳镇涝溪村内的杉树进行砍伐，并以人民币 8640 元卖给三合木材加工厂的老板盘某。经富川瑶族自治县林业局林业技术工程师鉴定：被伐杉树蓄积量为 16.4970 立方米。2014 年 2 月 18 日，被告人黄某被公安机关传唤归案。

人民法院经审理后认为，被告人黄某违反森林法及其他保护森林法规，在未经林业行政主管部门及法律规定的其他主管部门批准并核发采伐许可证的情况下，任意采伐林木达 16.4970 立方米，数量较大，构成滥伐林木罪。鉴于被告人黄某归案后能如实供述自己的犯罪事实，当庭自愿认罪，可酌情从轻处罚。据此，人民法院作出上述判决。

二、保护草原的法律规定

（一）保护草原资源的立法概况

保护草原的法律，主要有《中华人民共和国草原法》。

保护草原的行政法规，主要有《草原防火条例》《国务院关于加强草原保护与建设的若干意见》。

保护草原的部门规章，主要有《关于进一步加强草原监督管理工作的通知》《草原监理人员行为准则》《草原征占用审核审批管理办法》。

（二）草原资源保护的基本法律制度

1. 草原权属制度

草原属于国家所有，由法律规定属于集体所有的除外。国家所有的草原，由国务院代表国家行使所有权。依法确定给全民所有制单位、集体经济组织等使用的国家所有的草原，由县级以上人民政府登记，核发使用权证，确认草原使用权。

承包经营草原，发包方和承包方应当签订书面合同。承包经营草原的单位和个人，应当履行保护、建设和按照承包合同约定的用途合理利用草原的义务。

2. 草原规划制度

国家对草原保护、建设、利用实行统一规划制度。国务院草原行政主管部门会同国务院有关部门编制全国草原保护、建设、利用规划，报国务院批准后实施。

县级以上地方人民政府草原行政主管部门会同同级有关部门依据上一级草原保护、建设、利用规划编制本行政区域的草原保护、建设、利用规划，报本级人民政府批准后实施。经批准的草原保护、建设、利用规划确需调整或者修改时，须经原批准机关批准。

3. 关于草原建设的规定

（1）保障投资者合法权益。国家鼓励单位和个人投资建设草原，按照"谁投资、谁受益"的原则保护草原投资建设者的合法权益。

（2）加强草种基地建设。县级以上人民政府应当按照草原保护、建设、利用规划加强草种基地建设，鼓励选育、引进、推广优良草品种。

新草品种必须经全国草品种审定委员会审定，由国务院草原行政主管部门公告后方可推广。从境外引进草种必须依法进行审批。

（3）组织专项治理。对退化、沙化、盐碱化、石漠化和水土流失的草原，地方各级人民政府应当按照草原保护、建设、利用规划，划定治理区，组织专项治理。大规模的草原综合治理，列入国家国土整治计划。

4. 关于合理利用草原的规定

（1）草原承包经营者应当合理利用草原。不得超过草原行政主管部门核定的载畜量；草原承包经营者应当采取种植和储备饲草饲料、增加饲草饲料供应量、调剂处理牲畜、优化畜群结构、提高出栏率等措施，保持草畜平衡。

（2）实行划区轮牧，提倡牲畜圈养。牧区草原承包经营者应当实行划区轮牧，合理配置畜群，均衡利用草原。国家提倡在农区、半农半牧区和有条件的牧区实行牲畜圈养。

（3）缴纳草原补偿费和草原植被恢复费。因建设征用集体所有的草原的，应依照《中华人民共和国土地管理法》的规定给予补偿；因建设使用国家所有的草原的，应当依照国务院有关规定对草原承包经营者给予补偿。因建设征用或者使用草原的，应当缴纳草原植被恢复费。

（4）临时占用草原。需要临时占用草原的，应当经县级以上地方人民政府草原行政主管部门审核同意。临时占用草原的期限不得超过二年。

5. 关于草原保护的规定

（1）基本草原保护制度。下列草原应当划为基本草原，实施严格管理：

① 重要放牧场；

② 割草地；

③ 用于畜牧业生产的人工草地、退耕还草地以及改良草地、草种基地；

④ 对调节气候、涵养水源、保持水土、防风固沙具有特殊作用的草原；

⑤ 作为国家重点保护野生动植物生存环境的草原；

⑥ 草原科研、教学试验基地；

⑦ 国务院规定应当划为基本草原的其他草原。

（2）建立草原自然保护区。国务院草原行政主管部门或者省、自治区、直辖市人民政府可以按照自然保护区管理的有关规定在下列地区建立草原自然保护区：具有代表性的草原类型；珍稀濒危野生动植物分布区；具有重要生态功能和经济科研价值的草原。

（3）禁止开垦草原。对水土流失严重、有沙化趋势、需要改善生态环境的已垦草原，应当有计划、有步骤地退耕还草；已造成沙化、盐碱化、石漠化的，应当限期治理。

（4）实行禁牧、休牧制度。对严重退化、沙化、盐碱化、石漠化的草原和生态脆弱区的草原，实行禁牧、休牧制度。

（5）加强草原鼠害、病虫害和毒害草的防治工作。县级以上地方人民政府应当做好草原鼠害、病虫害和毒害草防治的组织管理工作。禁止在草原上使用剧毒、高残留以及可能导致二次中毒的农药。

6. 关于监督检查的规定

（1）监督管理机构的设立。国务院草原行政主管部门和草原面积较大的省、自治区的县级以上地方人民政府草原行政主管部门设立草原监督管理机构，负责草原法律、法规执行情况的监督检查，对违反草原法律、法规的行为进行查处。

（2）监督管理机构的职责。草原监督检查人员履行监督检查职责时，有权采取下列措施：

第一，要求被检查单位或者个人提供有关草原权属的文件和资料，进行查阅或者复制；

第二，要求被检查单位或者个人对草原权属等问题作出说明；

第三，进入违法现场进行拍照、摄像和勘测；

第四，责令被检查单位或者个人停止违反草原法律、法规的行为，履行法定义务。

三、保护野生动物的法律规定

（一）野生动物的概念

《中华人民共和国野生动物保护法》所保护的野生动物，是指珍贵、濒危的陆生、水生野生动物和有益的或者有重要经济、科学研究价值的陆生野生动物。由此可见，不是所有的野生动物都需要进行法律保护。属于《中华人民共和国野生动物保护法》保护的野生动物包括：

（1）珍贵、濒危的陆生和水生野生动物，如大熊猫、华南虎、中华鲟等。

（2）有益或者有重要经济、科学研究价值的陆生野生动物。这类野生动物一般数量较多，但在维护生态平衡方面有重要作用或者有重要的经济、科学研究价值，如鸟类、蛙类和蛇类等。

（3）我国政府签署的或者加入的国际公约、双边协定中规定保护的野生动物，也属于《中华人民共和国野生动物保护法》所保护的对象。

（二）保护野生动物的立法概况

保护野生动物的法律，主要有《中华人民共和国野生动物保护法》。

保护野生动物的行政法规，主要有《中华人民共和国陆生野生动物保护实施条例》《中华人民共和国水生野生动物保护实施条例》《中华人民共和国濒危野生动植物进出口管理条例》。

我国现已加入的有关保护野生动物的国际公约主要有《濒危野生动植物国际贸易公约》《关于特别是作为水禽栖息地的国际重要湿地公约》《生物多样性保护公约》。

（三）保护野生动物的主要法律制度

1. 野生动物保护制度

（1）国家对珍贵、濒危的野生动物实行重点保护。国家把野生动物分成三个层次保护，即国家重点保护野生动物、地方重点保护野生动物和保护有益或者具有重要经济、科学研究价值的野生动物。国家对珍贵、濒危的野生动物实行重点保护。国家重点保护的野生动物分为一级保护野生动物和二级保护野生动物。

（2）保护野生动物生存环境。

第一，划定自然保护区，加强保护管理。国务院野生动物行政主管部门和省、自治区、直辖市人民政府，应当在国家和地方重点保护野生动物的主要生息繁衍的地区和水域，划定自然保护区，加强对国家和地方重点保护野生动物及其生存环境的保护管理。

第二，监视、监测环境对野生动物的影响。各级野生动物行政主管部门应当监视、监测环境对野生动物的影响。由于环境影响对野生动物造成危害时，野生动物行政主管部门应当会同有关部门进行调查处理。

第三，对不利于野生动物生存环境的建设项目实行环境影响评价制度。建设项目对国家或者地方重点保护野生动物生存环境产生不利影响的，建设单位应当提交环境影响报告书；环境保护部门在审批时，应当征求同级野生动物行政主管部门的意见。

第四，采取措施拯救受自然灾害威胁的野生动物。国家和地方重点保护野生动物受到自然灾害威胁时，当地人民政府应当采取拯救措施，如及时迁移、加强防护等。

2. 野生动物管理制度

（1）野生动物猎捕管理的规定。

第一，禁止猎捕、杀害国家重点保护野生动物。因科学研究、驯养繁殖、展览或者其他特殊情况，需要捕捉、捕捞国家一级保护野生动物的，必须向国务院野生动物行政主管部门申请特许猎捕证；猎捕国家二级保护野生动物的，必须向省级人民政府野生动物行政主管部门申请特许猎捕证。

第二，猎捕非国家重点保护野生动物的，必须向县级以上人民政府野生动物行政主管部门申请，由其核发狩猎证。

第三，禁止使用军用武器、毒药、炸药进行猎捕。

（2）野生动物驯养繁殖管理的规定。实行驯养许可证制度。驯养繁殖国家重点保护野生动物的，应当持有驯养繁殖许可证。以生产经营为目的的，还必须凭驯养繁殖许可证向工商行政主管部门申请登记注册后方可进行。国务院林业或渔业行政主管部门和省级林业或渔业行政主管部门可以根据实际情况，委托同级有关部门审批或核发野生动物驯养繁殖许可证。动物园驯养繁殖国家重点保护野生动物的，林业或者渔业行政主管部门可以委托同级建设行政主管部门核发驯养繁殖许可证。

（3）野生动物经营利用管理的规定。

第一，禁止出售、收购国家重点保护野生动物或者其产品。因特殊情况需要出售、收购、利用国家一级保护野生动物或者其产品的，须经国务院野生动物行政主管部门或者授权的单位批准；需要出售、收购、利用国家二级保护野生动物或者其产品的，须经省级人民政府野生动物行政主管部门或者其授权的单位批准。

第二，运输、携带国家重点保护野生动物或者其产品出境的，须经省级人民政府野生动物行政主管部门或者其授权的单位批准。

第三，出口国家重点保护野生动物或者其产品的，进出口中国参加的国际公约所限制进出口的野生动物或者其产品的，须经国务院野生动物行政主管部门或者国务院批准，并取得国家濒危物种进出口管理机构核发的允许进出口证明书。海关凭允许进出口证明书查验放行。

第四，建立对外国人开放的猎捕场所，应当报国务院野生动物行政主管部门备案。

四、保护野生植物的法律规定

（一）野生植物的概念

《中华人民共和国野生植物保护条例》所保护的野生植物，是指原生地天然生长的珍贵植物和原生地天然生长并具有重要经济、科学研究、文化价值的濒危、稀有植物。

（二）野生植物保护的立法概况

保护野生植物的行政法规，主要有《中华人民共和国野生植物保护条例》《野生药材资源保护管理条例》《中华人民共和国濒危野生动植物进出口管理条例》。

保护野生植物的部门规章，主要有《国家重点保护野生植物名录（第一批）》《国家重点保护野生植物名录（第二批）》。

（三）保护野生植物的主要法律制度

1. 野生植物保护制度

国家重点保护野生植物和地方重点保护野生植物，禁止任何单位和个人非法采集。国家重点保护野生植物分为国家一级保护野生植物和国家二级保护野生植物。

2. 保护野生植物生长环境的规定

国家保护野生植物的生长环境，禁止任何单位和个人破坏其生长环境。

（1）建立自然保护区，加强保护管理。在国家重点保护野生植物物种和地方重点保护野生植物物种的天然集中分布地区，建立自然保护区。

（2）监视、监测环境对重点保护野生植物生长的影响。

（3）实行环境影响评价制度。规划和建设项目对国家重点保护野生植物和地方重点保护野生植物的生长环境产生不利影响的，规划编制单位和建设单位提交的环境影响报告书中必须对此作出评价；环境保护部门在审批环境影响报告书时，应当征求野生植物行政主管部门的意见。

3. 野生植物管理的法律规定

（1）野生植物采集管理的规定。采集国家重点保护野生植物的单位和个人，必须按照采集证规定的种类、数量、地点、期限和方法进行采集。

（2）野生植物经营利用管理的规定。禁止出售、收购国家一级保护野生植物。出售、收购国家二级保护野生植物的，必须经省级人民政府野生植物行政主管部门或者其授权的机构批准。

（3）对外国人采集、考察野生植物的管理。外国人不得在中国境内采集或者收购国家重点保护的野生植物。外国人在中国境内对国家重点保护野生植物进行野外考察的，必须经有关部门批准。

五、保护渔业资源的法律规定

（一）保护渔业资源的立法概况

保护渔业资源的法律，主要有《中华人民共和国渔业法》。

保护渔业资源的行政法规，主要有《兽药管理条例》《国务院关于印发中国水生生物资源养护行动纲要的通知》。

保护渔业资源的部委规章，主要有《渔业捕捞许可管理规定》《农业部：进一步加强鳗鱼养殖用药管理》《水产养殖质量安全管理规定》《农业部关于加强水产养殖用药监督管理的紧急通知》《无公害食品渔用药物使用准则》。

（二）保护渔业资源的法律制度

1. 关于养殖业的规定

（1）实行养殖使用证制度。单位和个人使用国家规划确定用于养殖业的全民所有的水域、滩涂的，使用者应当向县级以上地方人民政府渔业行政主管部门提出申请，由本级人民政府核发养殖证，许可其使用该水域、滩涂从事养殖生产。

（2）加强对重要养殖水域的保护。国家建设征用集体所有的水域、滩涂，按照《中华人民共和国土地管理法》的有关规定办理。县级以上地方人民政府应当采取措施，加强对商品鱼生产基地和城市郊区重要养殖水域的保护。

（3）推行养殖生产禁限制度。从事养殖生产不得使用含有毒有害物质的饵料、饲料，从事养殖生产应当保护水域生态环境，科学确定养殖密度，合理投饵、施肥、使用药物，不得造成水域的环境污染。

2. 关于捕捞业的规定

（1）实行捕捞限额制度。国家根据捕捞量低于渔业资源增长量的原则，确定渔业资源的总可捕捞量。

（2）实行捕捞许可证制度。县级以上地方人民政府渔业行政主管部门批准发放的捕捞许可证，应当与上级人民政府渔业行政主管部门下达的捕捞限额指标相适应。捕捞许可证不得买卖、出租和以其他形式转让，不得涂改、伪造、变造。

3. 关于渔业资源的增殖和保护的规定

（1）征收渔业资源增殖保护费。县级以上人民政府渔业行政主管部门可以向受益的单位和个人征收渔业资源增殖保护费，专门用于增殖和保护渔业资源。

（2）建立水产种质资源保护区。国家保护水产种质资源及其生存环境，并在具有较高经济价值和遗传育种价值的水产种质资源的主要生长繁育区域建立水产种质资源保护区。未经国务院渔业行政主管部门批准，任何单位或者个人不得在水产种质资源保护区内从事捕捞活动。

（3）保护渔业资源的禁止性、限制性措施。

第一，禁止使用炸鱼、毒鱼、电鱼等破坏渔业资源的方法进行捕捞。禁止制造、销售、使用禁用的渔具。禁止在禁渔区、禁渔期进行捕捞。在禁渔区或者禁渔期内禁止销售非法捕捞的渔获物。

第二，禁止捕捞有重要经济价值的水生动物苗种。

第四节
水土保持和防沙治沙的法律规定

一、水土保持的法律规定

（一）水土保持的立法概况

水土保持，是指对自然因素和人为活动造成水土流失所采取的预防和治理措施。水土保持的法律，主要有《中华人民共和国水土保持法》。水土保持的行政法规，主要有《中华人民共和国水土保持法实施条例》。

（二）水土保持的基本法律制度

1. 水土保持规划制度

水土保持规划由国务院和县级以上地方人民政府水行政主管部门会同有关部门编制，报同级人民政府批准，并报上一级人民政府水行政主管部门备案。

2. 关于预防水土流失的规定

（1）禁止在 25 度以上陡坡地开垦种植农作物。违反规定，由县级以上地方人民政府水行政主管部门责令停止违法行为，采取退耕、恢复植被等补救措施；按照开垦或者开发面积，可以对个人处每平方米二元以下的罚款、对单位处每平方米十元以下的罚款。

开垦禁止开垦坡度以下 5 度以上的荒坡地，必须经县级人民政府水行政主管部门批准；开垦国有荒坡地，经县级人民政府水行政主管部门批准后，方可向县级以上人民政府申请办理土地开垦手续。

（2）在山区、丘陵区、风沙区修建铁路、公路、水工程，开办矿山企业、电力企业和其他大中型工业企业，在建设项目环境影响报告书（表）中，必须有水行政主管部门同意的水土保持方案。

（3）在山区、丘陵区、风沙区以及水土保持规划确定的容易发生水土流失的其他区域开办可能造成水土流失的生产建设项目，生产建设单位应当编制水土保持方案，报县级以上人民政府水行政主管部门审批。

违反规定，由县级以上人民政府水行政主管部门责令停止违法行为，限期补办手续；逾期不补办手续的，处五万元以上五十万元以下的罚款。

（4）依法应当编制水土保持方案的生产建设项目中的水土保持设施，应当与主体工程同时设计、同时施工、同时投产使用；生产建设项目竣工验收，应当验收水土保持设施；水土保持设施未经验收或者验收不合格的，生产建设项目不得投产使用。

违反规定，由县级以上人民政府水行政主管部门责令停止生产或者使用，直至验收合格，并处五万元以上五十万元以下的罚款。

3. 关于治理水土流失的规定

（1）土地承包使用者治理水土流失的责任。国家鼓励承包治理水土流失，对荒山、荒沟、荒丘、荒滩水土流失的治理实行承包的，应当按照"谁承包、谁治理、谁受益"的原则，签订水土保持承包治理合同；承包治理所种植的林木及其果实，归承包者所有，因承包治理而新增加的土地，由承包者使用。

国家保护承包治理合同当事人的合法权益。在承包治理合同有效期内，承包人死亡的，继承人可以依照承包治理合同的约定继续承包。

（2）企业事业单位的治理责任。开办生产建设项目或者从事其他生产建设活动造成水土流失的，应当进行治理。

（3）国家加强江河源头区、饮用水水源保护区和水源涵养区水土流失的预防和治理工作，多渠道筹集资金，将水土保持生态效益补偿纳入国家建立的生态效益补偿制度。在容易发生水土流失的区域开办生产建设项目或者从事其他生产建设活动，损坏水土保持设施、地貌植被，不能恢复原有水土保持功能的，应当缴纳水土保持补偿费，专项用于水土流失的预防和治理。专项水土流失预防和治理由水行政主管部门负责组织实施。

二、防沙治沙的法律规定

（一）防沙治沙的立法概况

防沙治沙的法律，主要有《中华人民共和国防沙治沙法》。

防沙治沙的行政法规，主要有《国务院关于进一步加强防沙治沙工作的决定》《省级政府防沙治沙目标责任考核办法》。

（二）防沙治沙的基本法律制度

1. 防沙治沙规划制度

编制防沙治沙规划，应当根据沙化土地所处的地理位置、土地类型、植被状况、气候和水资源状况、土地沙化程度等自然条件及其所发挥的生态、经济功能，对沙化土地实行分类保护、综合治理和合理利用。防沙治沙规划应当与土地利用总体规划相衔接；防沙治沙规划中确定的沙化土地用途，应当符合本级人民政府的土地利用总体规划。

沙区县级以上地方人民政府负责组织编制本行政区域的防沙治沙规划。全国防沙治沙规划由国务院审批；省级防沙治沙规划由国务院林业行政主管部门会同农业、水利、国土资源、环境保护等有关部门审批；市（地）、县（市）级防沙治沙规划分别由省、市（地）级人民政府审批。规划经批准后，未经原批准机关同意，任何单位和个人不得擅自修改和调整。

2. 关于预防土地沙化的规定

（1）实行土地沙化情况的监测和预报。国务院林业行政主管部门组织其他有关行政主管部门对全国土地沙化情况进行监测、统计和分析，并定期公布监测结果。各级气象主管机构应当组织对气象干旱和沙尘暴天气进行监测、预报，发现气象干旱或者沙尘暴天气征兆时，应当及时报告当地人民政府。

（2）加强植被的营造和保护。沙化土地所在地区的县级以上地方人民政府应当按照防沙治沙规划，划出一定比例的土地，因地制宜地营造防风固沙林网、林带，种植多年生灌木和草本植物。除了抚育更新性质的采伐外，不得批准对防风固沙林进行采伐。

（3）加强草原的管理和建设。草原地区的地方各级人民政府，应当指导、组织农牧民建设人工草场，控制载畜量，推行牲畜圈养和草场轮牧，保护草原植被，防止草原退化和沙化。草原实行以产草量确定载畜量的制度。由农（牧）业行政主管部门负责制定载畜量的标准和有关规定，并逐级组织实施。

（4）实行封禁保护。在沙化土地封禁保护区范围内，禁止一切破坏植被的活动。禁止在沙化土地封禁保护区范围内安置移民。对沙化土地封禁保护区范围内的农牧民，县级以上地方人民政府应当有计划地组织迁出，并妥善安置。未经国务院或者国务院指定的部门同意，不得在沙化土地封禁保护区范围内进行修建铁路、公路等建设活动。

（5）加快沙区生活能源结构调整。沙区地方各级人民政府要采取有效措施，妥善解决城乡居民生活能源问题。积极发展替代燃料，因地制宜开发利用风能、太阳能、沼气等能源，有条件的地方应鼓励农牧民营造薪炭林。大力推广节能技术，提高能源的利用率。

（6）实行环境影响评价制度。在沙化土地范围内从事开发建设活动的，必须事先就该项目可能对当地及相关地区生态产生的影响进行环境影响评价，依法提交环境影响报告；环境影响报告应当包括有关防沙治沙的内容。

3. 关于沙化土地治理的规定

（1）因地制宜，综合治理。沙化土地所在地区的地方各级人民政府，应当按照防沙治沙规划，组织有关部门、单位和个人，因地制宜地采取退耕还林还草、退牧还草、生态移民等措施，治理已经沙化的土地。

（2）对土地的使用权人和承包经营权人的管理。使用已经沙化的国有土地的使用权人和农村集体所有土地的承包经营权人，必须采取治理措施，改善土地质量；确实无能力完成治理任务的，可以委托他人治理或者与他人合作治理。

（3）对营利性治沙活动的管理。国家保护沙化土地治理者的合法权益。在治理者取得合法土地权属的治理范围内，未经治理者同意，其他任何单位和个人不得从事治理或者开发利用活动。

（4）实行沙化土地单位治理责任制。沙区县级以上地方人民政府对铁路、公路、河流和水渠两侧以及城镇、村庄、厂矿和水库周围的沙化土地，要落实单位治理责任制，限期由责任单位负责组织造林种草或者采取其他措施治理。

4. 防沙治沙的保障措施

（1）防沙治沙工作实行政府负责制。沙区地方各级人民政府对本行政区域的防沙治沙工作负总责。

（2）防沙治沙的财政支持。各级人民政府要随着财力的增强，加大对防沙治沙的资金投入，并纳入同级财政预算和固定资产投资计划。

（3）防沙治沙的政策优惠。国家根据防沙治沙的需要，组织设立防沙治沙重点科研项目和示范、推广项目。凡纳入国家重点工程项目的公益性治沙活动，经县级以上有关行政主管部门检查验收合格后，享受国家重点工程项目的资金补助等政策。

（4）保障治理者的合法权益。沙化土地可以通过承包、租赁等多种形式落实经营主体，按照签订的合同，限期进行治理。使用国有沙化土地从事防沙治沙活动的，其土地使用权的期限最高可至 70 年，治理后的沙化土地承包经营权可以依法继承和流转。

第五节
特殊环境法

一、特殊环境法概述

（一）特殊环境的概述

特殊环境，是相对于一般环境而言的，是指各类对于维护自然生态系统的平衡具有特殊作用，以及在科学、文化、教育、历史、观赏、旅游等方面具有特殊价值，并受到国家法律保护的特殊环境结构。

根据其环境的功能，特殊环境可以分成两类：

一是生态保护类。这些特殊环境对于保护具有代表性的自然生态系统、珍稀濒危野生动植物物种，以及有特殊意义的自然遗迹有重要作用，如各类自然保护区。

二是科研、教学、旅游类。这一类特殊环境景观集中，有较高的科学、教学、美学文化价值，可以作为供人们进行科学研究、教学、旅游休闲的场所，如风景名胜区、国家公园、人文遗迹等。

（二）特殊环境法的概念

特殊环境法，是指调整因保护某些特殊的自然和人工环境，维护生态平衡和环境的优美而产生的社会关系的法律规范的总称。目前，我国关于特殊环境保护的规范性法律文件主要包括《中华人民共和国自然保护区条例》《森林和野生动物类型自然保护区管理办法》《中华人民共和国水生动植物自然保护区管理办法》《风景名胜区管理暂行条例》《森林公园管理办法》等。此外，《中华人民共和国环境保护法》《中华人民共和国文物保护法》《中华人民共和国森林法》《中华人民共和国野生动物保护法》等也有关于特殊环境保护的规定。这些规定大致可以分为三个方面：

一是关于自然保护区保护的法律规定；

二是关于风景名胜区保护的法律规定；

三是关于森林公园保护的法律规定。

二、保护自然保护区的法律规定

（一）自然保护区的概念

自然保护区，是指对有代表性的自然生态系统、珍稀濒危野生动植物物种的天然集中分布区、有特殊意义的自然遗迹等保护对象所在的陆地、陆地水体或者海域，依法划出一定面积予以特殊保护和管理的区域。自然保护区是依法定程序建立的，其目的在于有效保护在科学、文化等方面具有重要意义和特殊价值的自然地域，是对生态环境和自然资源进行特殊保护的有效形式。

（二）保护自然保护区的立法概况

我国保护自然保护区的法律主要有《森林和野生动物类型自然保护区管理办法》《中华人民共和国自然保护区条例》《中华人民共和国水生动植物自然保护区管理办法》。另外，《中华人民共和国环境保护法》《中华人民共和国海洋环境保护法》《中华人民共和国森林法》《中华人民共和国野生动物保护法》等，也设有保护自然保护区的规定。

（三）保护自然保护区的主要法律制度

1. 关于自然保护区管理体制的规定

国家对自然保护区实行综合管理与分部门管理相结合的管理体制。

国务院环境保护行政主管部门负责全国自然保护区的综合管理。国务院林业、农业、地质矿产、水利、海洋等有关行政主管部门在各自的职责范围内，主管有关的自然保护区。县级以上地方人民政府负责自然保护区管理的部门的设置和职责，由省、自治区、直辖市人民政府根据当地具体情况确定。

2. 关于自然保护区建设的规定

（1）建立自然保护区的条件。《中华人民共和国自然保护区条例》第十条规定："凡具有下列条件之一的，应当建立自然保护区：（一）典型的自然地理区域、有代表性的自然生态系统区域以及已经遭受破坏但经保护能够恢复的同类自然生态系统区域；（二）珍稀、濒危野生动植物物种的天然集中分布区域；（三）具有特殊保护价值的海域、海岸、岛屿、湿地、内陆水域、森林、草原和荒漠；（四）具有重大科学文化价值的地质构造、著名溶洞、化石分布区、冰川、火山、温泉等自然遗迹；（五）经国务院或者省、自治区、直辖市人民政府批准，需要予以特殊保护的其他自然区域。"

（2）自然保护区的分类。根据自然保护区保护的对象，将其分为三个类别：

① 自然生态系统类自然保护区，如内蒙古锡林郭勒自然保护区、湖南东洞庭湖自然保护区；

② 野生生物类自然保护区，如四川卧龙大熊猫自然保护区、辽宁蛇岛自然保护区；

③ 自然遗迹类自然保护区。

（3）自然保护区的分级。根据自然保护区的重要程度及其在国内外影响的大小，我国自然保护区分为国家级自然保护区和地方级自然保护区两级。

（4）自然保护区的分区。为实现对自然保护区的有效保护和管理，可以将自然保护区分为核心区、缓冲区和实验区。核心区禁止任何单位和个人进入；除依照《中华人民共和国自然保护区条例》第二十七条规定的经批准外，不允许进入从事科学研究活动。缓冲区只准进入从事科学研究观测活动；缓冲区外围划为实验区，可以进入从事科学试验、教学实习、参观考察、旅游以及驯化、繁殖珍稀、濒危野生动植物等活动。

此外，原批准建立自然保护区的人民政府认为必要时，可以在自然保护区的外围划定一定面积的外围保护地带。

3. 关于自然保护区管理的规定

（1）自然保护区管理机构及其职责。自然保护区行政主管部门应当在自然保护区内设立专门的管理机构，配备专业技术人员，负责自然保护区的具体管理工作。自然保护区所在地的公安机关，可以根据需要在自然保护区设置公安派出机构，维护自然保护区内的治安秩序。

（2）对自然保护区内开展活动的限制。禁止在自然保护区内进行砍伐、放牧、狩猎、捕捞、采药、开垦、烧荒、开矿、采石、挖沙等活动；但是，法律、行政法规另有规定的除外。禁止进入自然保护区的核心区。禁止在自然保护区的缓冲区开展旅游和生产经营活动。在自然保护区的核心区和缓冲区内，不得建设任何生产设施。在自然保护区的实验区内，不得建设污染环境、破坏资源的生产设施；建设其他项目，其污染物排放不得超过国家和地方规定的污染物排放标准，污染物排放超过国家和地方规定的排放标准的，应当限期治理；造成损害的，必须采取补救措施。

阅读材料

湖南省东洞庭湖国家级自然保护区内非法大面积种植速生丰产林

湖南省东洞庭湖国家级自然保护区内有多种鸟类和湿地植物，以珍稀水禽及湿地生态系统为保护对象，还有独特的湖州滩涂生态系统和景观，是我国第一批列入湿地公园"国际重要湿地目录"的湿地保护区。保护区内大面积种植了杨树速生林，缓冲区、核心区内均种植了意大利杨，其中，在核心区栽种意大利杨1000多亩。这违反了《中华人民共和国自然保护区条例》不得在自然保护区核心区和缓冲区开展生产经营活动的规定。在东洞庭湖国家级自然保护区内大面积种植杨树，一方面改变了原有的湿地生态系统，破坏了植物多样性；另一方面也影响了东洞庭湖的蓄洪泄洪。

三、保护风景名胜区的法律规定

（一）保护风景名胜区的立法概况

为了加强对风景名胜区的管理，国务院于1985年颁布《中华人民共和国风景名胜区管理暂行条例》，原城乡建设环境保护部于1987年颁布《风景名胜区管理暂行条例实施办法》，建设部于1993年发布了《风景名胜区建设管理规定》，国务院于2006年颁布《中华人民共和国风景名胜区条例》。

（二）保护风景名胜区的法律制度

1. 关于风景名胜区管理体制的规定

国务院建设主管部门负责全国风景名胜区的监督管理工作。国务院其他有关部门按照国务院规定的职责分工，负责风景名胜区的有关监督管理工作。省、自治区人民政府建设主管部门和直辖市人民政府风景名胜区主管部门，负责本行政区域内风景名胜区的监督管理工作。省、自治区、直辖市人民政府其他有关部门按照规定的职责分工，负责风景名胜区的有关监督管理工作。

2. 关于风景名胜区分级的规定

风景名胜区按其景物的观赏、文化、科学价值和环境质量、规模大小、游览条件等，划分为三级：市、县级风景名胜区；省级风景名胜区；国家重点风景名胜区。

3. 关于风景名胜区建设管理的规定

（1）在风景名胜区及其外围保护地带内，不得建设工矿企业、铁路、站场、仓库、医院等同风景和游览无关以及破坏景观、污染环境、妨碍游览的项目和设施。

（2）在游人集中的游览区内，不得建设旅馆、招待所、疗养机构、管理机构、生活区以及其他大型工程等设施。

（3）下列建设应从严控制，严格审查：公路、索道与缆车；大型文化、体育与游乐设施；旅馆建筑；设置中国国家风景名胜区徽志的标志建筑；由上级建设主管部门认定的其他重大建设项目。但从目前我国风景名胜区的保护现状来看，这一规定还显得十分软弱。

4. 风景名胜区保护的规定

（1）保护风景名胜区的动植物及其生息环境。风景名胜区的动植物及其生息环境是风景名胜资源的重要组成部分，应当切实保护。风景名胜区及其外围保护地带的林木，不得砍伐；确需进行更新、抚育性采伐的，须经地方主管部门批准；古树、名木，严禁采伐。

（2）保护风景名胜区的人文景物和原有的自然和历史风貌。风景名胜区的地貌必须严加保护，禁止开山采石、挖沙取土等经营活动；景区内维护工程必须就地取用的沙石料，应在不破坏地貌的前提下，由地方主管部门安排适当地点，限量采取。

（3）风景名胜区应保持原有的自然和历史风貌，禁止在景区内大兴土木和大规模地进行改变地貌和自然环境的活动，防止风景名胜区的人文化和城市化倾向。

（4）按照规划组织游览，不得无限制地超量接纳游览者。

关键词 🖑

自然资源、权属制度、管理体制、特殊环境。

本章小结

　　本章介绍了我国对自然资源的保护制度，包括土地、矿产资源、森林、草原、野生动植物、渔业资源等。自然资源是人类生存与发展的基础，对所有这些自然资源都有相应的法律规范。在上述与自然资源保护有关的立法中，规定了自然资源许可制度、自然资源禁限制度、自然资源有偿使用制度等内容。自然资源保护法一般以某一环境要素为立法对象，针对不同环境要素的特点或功能分别立法加以保护。自然资源法是环境保护法的重要组成部分。

思考题

　　1. 我国的土地资源保护立法为什么特别强调保护耕地？

　　2. 我国水资源保护法确立了哪些基本原则？

　　3. 《中华人民共和国森林法》怎么控制森林采伐量的？森林采伐许可证制度的主要内容是什么？

　　4. 草原权属制度的主要内容是什么？

　　5. 渔业资源保护的法律规定有哪些？

　　6. 自然保护区是如何进行分区保护的？

第八章　环境污染防治法

▶▶ 本章导读

　　掌握中国污染防治的主要法律、法规及规章。熟悉我国大气污染防治法以及水污染防治法。

　　《中华人民共和国环境保护法》规定，"环境污染"即指在该法第四十二条中明确列举的十种环境污染：在生产建设或者其他活动中产生的废气、废水、废渣、医疗废物、粉尘、恶臭气体、放射性物质以及噪声、振动、光辐射、电磁波辐射。"公害"则是指除了列举的这十种环境污染之外的其他环境污染。环境污染和其他公害具有复杂性。环境污染的污染源来自生产生活的各个方面、各个领域。污染物质种类繁多，性质各异，并且污染物通常是经过转化代谢、富集等各种反应，才导致污染损害。环境污染和其他公害具有潜伏性。环境污染损害一般具有较长的潜伏期。因为环境本身能消化人类废弃物，但环境的自净能力是有限的。环境污染和其他公害具有持续性。环境污染损害常通过空间和时间，经过多种因素的复合积累后形成，因此造成的损害是持续不断的，不因侵权行为的停止而停止。环境污染和其他公害具有广泛性。环境污染和其他公害的广泛性，包括以下三个方面：

　　一是受害地域的广泛性，如海洋污染往往涉及周边国家；

　　二是受害对象的广泛性，环境污染的受害对象包括全人类及其生存的环境；

　　三是受害利益的广泛性，环境污染往往同时侵害人们的生命健康权、财产权和环境权等。

　　环境污染防治法，是指国家为预防和治理环境污染和其他公害，对产生或可能产生环境污染和其他公害的原因及活动实施行政控制，以保护生活环境，进而达到保障人类健康和财产安全目的而制定的同类法律的总称。

　　我国最早的一部环境污染防治法是1956年5月国务院颁布的《工厂安全卫生规程》。到目前为止，除了《中华人民共和国环境保护法》之外，已有一些环境污染防治的专门性法律，如《中华人民共和国海洋环境保护法》《中华人民共和国水污染防治法》《中华人民共和国大气污染防治法》《中华人民共和国土壤污染防治法》《中华人民共和国固体废物污染环境防治法》《中华人民共和国环境噪声污染防治法》《中华人民共和国放射性污染防治法》《中华人民共和国环境影响评价法》《中华人民共和国清洁生产促进法》。除了这些专门性的法律之外，还有一些行政法规和行政规章等，如国务院于2013年修订的《危险化学品安全管理条例》以及地方人民政府发布的一些地方政府规章，它们共同构成了我国环境污染防治的立法体系。

第一节
防治大气污染和水污染的法律规定

一、防治大气污染的法律规定

（一）大气污染的概念及其危害

大气，是指从地球周围的表面直到距地球表面空间一定范围的大气圈（环绕地球大约1400公里）内的由多种气体构成的混合体。大气对人类而言具有极其重要的作用，是人类和其他生物赖以生存和发展的重要环境要素之一。大气具有调节热能的作用，可以维持地球外围的热量、水、气等的相互转换和生态平衡，并且能阻挡和大量吸收对生物有害的宇宙射线和紫外线。

大气污染，是指人们在生产和生活过程中释放的有毒有害物质进入大气，使大气的物理、化学、生物或者放射性等方面的特性发生变化，从而危及人类的生命、健康、财产和生态系统的现象。大气污染是一种流动性污染，随着大气环流和风向的移动而飘移，具有扩散速度快、传播范围广、持续时间长、造成损失大等特点。按照大气污染物的来源，可以将大气污染分为由燃煤引起的煤烟型污染、石油型污染、汽车尾气排放造成的氮氧型污染、特殊型污染。

大气污染能引起人体呼吸性疾病、皮肤病、心脑血管和神经系统疾病甚至导致癌症的发生；对动植物可使其生理机制受抑制，生长不良，抗病抗虫能力减弱，甚至死亡；对工农业生产和财物危害非常严重；对气候产生不良影响，如降低能见度，减少太阳的辐射而导致城市佝偻病发病率的增加。

（二）大气污染防治的法律规定

为了防治大气污染，我国政府采取了一系列技术性、经济性和行政性的措施，同时也十分重视大气污染防治方面的立法工作。1956年，国务院公布了第一份与大气污染防治有关的文件——《关于防止厂矿企业中矽尘危害的决定》；20世纪70年代，国家有关部门发布了《工业"三废"排放试行标准》《工业企业设计卫生标准》等。1979年，全国人民代表大会常务委员会颁布的《中华人民共和国环境保护法（试行）》对大气污染防治的原则、制度和措施作了基本的规定。1987年9月，全国人民代表大会常务委员会通过了《中华人民共和国大气污染防治法》。此外，相关部门相继颁布了《环境空气质量标准》《锅炉大气污染物排放标准》《汽油车怠速污染物排放标准》等。2015年8月29日，第十二届全国人民代表大会常务委员会第十六次会议对《中华人民共和国大气污染防治法》进行了第二次修订。

2018 年 10 月 26 日第十三届全国人民代表大会常务委员会第六次会议再次对《中华人民共和国大气污染防治法》的部分内容作出了修改。

1. 防治燃煤产生的大气污染

《中华人民共和国大气污染防治法》第四章第一节对燃煤产生的大气污染的防治作出规定。

《中华人民共和国大气污染防治法》规定：国务院有关部门和地方各级人民政府应当采取措施，调整能源结构，推广清洁能源的生产和使用；优化煤炭使用方式，推广煤炭清洁高效利用，逐步降低煤炭在一次能源消费中的比重，减少煤炭生产、使用、转化过程中的大气污染物排放。国家推行煤炭洗选加工，降低煤炭的硫分和灰分，限制高硫分、高灰分煤炭的开采。新建煤矿应当同步建设配套的煤炭洗选设施，使煤炭的硫分、灰分含量达到规定标准；已建成的煤矿除所采煤炭属于低硫分、低灰分或者根据已达标排放的燃煤电厂要求不需要洗选的以外，应当限期建成配套的煤炭洗选设施。禁止开采含放射性和砷等有毒有害物质超过规定标准的煤炭。国家禁止进口、销售和燃用不符合质量标准的煤炭，鼓励燃用优质煤炭。单位存放煤炭、煤矸石、煤渣、煤灰等物料，应当采取防燃措施，防止大气污染。城市人民政府可以划定并公布高污染燃料禁燃区，并根据大气环境质量改善要求，逐步扩大高污染燃料禁燃区范围。高污染燃料的目录由国务院环境保护主管部门确定。在禁燃区内，禁止销售、燃用高污染燃料；禁止新建、扩建燃用高污染燃料的设施，已建成的，应当在城市人民政府规定的期限内改用天然气、页岩气、液化石、油气、电或者其他清洁能源。城市建设应当统筹规划，在燃煤供热地区，推进热电联产和集中供热。在集中供热管网覆盖地区，禁止新建、扩建分散燃煤供热锅炉；已建成的不能达标排放的燃煤供热锅炉，应当在城市人民政府规定的期限内拆除。燃煤电厂和其他燃煤单位应当采用清洁生产工艺，配套建设除尘、脱硫、脱硝等装置，或者采取技术改造等其他控制大气污染物排放的措施。国家鼓励燃煤单位采用先进的除尘、脱硫、脱硝、脱汞等大气污染物协同控制的技术和装置，减少大气污染物的排放。电力调度应当优先安排清洁能源发电上网。

2. 防治工业排放大气污染

《中华人民共和国大气污染防治法》第四章第二节对工业排放大气污染的防治进行了规定。

《中华人民共和国大气污染防治法》规定：钢铁、建材、有色金属、石油、化工等企业生产过程中排放粉尘、硫化物和氮氧化物的，应当采用清洁生产工艺，配套建设除尘、脱硫、脱硝等装置，或者采取技术改造等其他控制大气污染物排放的措施。生产、进口、销售和使用含挥发性有机物的原材料和产品的，其挥发性有机物含量应当符合质量标准或者要求。国家鼓励生产、进口、销售和使用低毒、低挥发性有机溶剂。产生含挥发性有机物废气的生产和服务活动，应当在密闭空间或者设备中进行，并按照规定安装、使用污染防治设施；无法密闭的，应当采取措施减少废气排放。工业涂装企业应当使用低挥发性有机物含量的涂料，并建立台账，记录生产原料、辅料的使用量、废弃量、去向以及挥发性有机物含量。台账保存期限不得少于三年。石油、化工以及其他生产和使用有机溶剂的企业，应当采取措施对管道、设备进行日常维护、维修，减少物料泄漏，对泄漏的物料应当及时收集处理。储油储气库、加油加气站、原油成品油码头、原油成品油运输船舶和油罐车、气罐车等，应当按照国家有关规定安装油气回收装置并保持正常使用。钢铁、建材、有色金属、石油、化工、制药、矿产开采等企业，应当加强精细化管理，采取集中收集处理等措施，严格控制粉尘和气态污染物的排放。工业生产企业应当采取密闭、围挡、遮盖、清扫、洒水等措施，减少内部物料的堆存、传输、装卸等环节产生的粉尘和气态污染物的排放。工业生产、垃圾填埋或者其他活动产生的可燃性气体应当回收利用，不具备回收利用条件的，应当进行污染防治处理。可燃性气体回收利用装置不能正常作业的，应当及时修复或者更新。在回收利用装置不能正常作业期间确需排放可燃性气体的，应当将排放的可燃性气体充分燃烧或者采取其他控制大气污染物排放的措施，并向当地环境保护主管部门报告，按照要求限期修复或者更新。

3. 防治机动车船排放大气污染

《中华人民共和国大气污染防治法》第四章第二节对机动车船排放大气污染防治进行了规定。

《中华人民共和国大气污染防治法》规定：机动车船、非道路移动机械不得超过标准排放大气污染物。禁止生产、进口或者销售大气污染物排放超过标准的机动车船、非道路移动机械。机动车、非道路移动机械生产企业应当对新生产的机动车和非道路移动机械进行排放检验。经检验合格的，方可出厂销售。未经检验合格的，公安机关交通管理部门不得核发安全技术检验合格标志。禁止生产、进口、销售不符合标准的机动车船、非道路移动机械用燃料；禁止向汽车和摩托车销售普通柴油以及其他非机动车用燃料；禁止向非道路移动机械、内河和江海直达船舶销售渣油和重油。

4. 防治扬尘污染大气

《中华人民共和国大气污染防治法》第四章第四节对防治扬尘污染进行了规定。

《中华人民共和国大气污染防治法》规定：施工单位应当在施工工地设置硬质围挡，并采取覆盖、分段作业、择时施工、洒水抑尘、冲洗地面和车辆等有效防尘降尘措施。建筑土方、工程渣土、建筑垃圾应当及时清运；在场地内堆存的，应当采用密闭式防尘网遮盖。工程渣土、建筑垃圾应当进行资源化处理。施工单位应当在施工工地公示扬尘污染防治措施、负责人、扬尘监督管理主管部门等信息。暂时不能开工的建设用地，建设单位应当对裸露地面进行覆盖；超过三个月的，应当进行绿化、铺装或者遮盖。运输煤炭、垃圾、渣土、砂石、土方、灰浆等散装、流体物料的车辆应当采取密闭或者其他措施防止物料遗撒造成扬尘污染，并按照规定路线行驶。装卸物料应当采取密闭或者喷淋等方式防治扬尘污染。城市人民政府应当加强道路、广场、停车场和其他公共场所的清扫保洁管理，推行清洁动力机械化清扫等低尘作业方式，防治扬尘污染。

5. 防治农业和其他污染大气

《中华人民共和国大气污染防治法》第四章第五节对防治农业和其他污染大气进行了

规定。

《中华人民共和国大气污染防治法》规定：禁止在人口集中地区对树木、花草喷洒剧毒、高毒农药。畜禽养殖场、养殖小区应当及时对污水、畜禽粪便和尸体等进行收集、贮存、清运和无害化处理，防止排放恶臭气体。省、自治区、直辖市人民政府应当划定区域，禁止露天焚烧秸秆、落叶等产生烟尘污染的物质。排放油烟的餐饮服务业经营者应当安装油烟净化设施并保持正常使用，或者采取其他油烟净化措施，使油烟达标排放，并防止对附近居民的正常生活环境造成污染。禁止在居民住宅楼、未配套设立专用烟道的商住综合楼，以及商住综合楼内与居住层相邻的商业楼层内新建、改建、扩建产生油烟、异味、废气的餐饮服务项目。任何单位和个人不得在当地人民政府禁止的区域内露天烧烤食品或者为露天烧烤食品提供场地。禁止在人口集中地区和其他依法需要特殊保护的区域内焚烧沥青、油毡、橡胶、塑料、皮革、垃圾，以及其他产生有毒有害烟尘和恶臭气体的物质。禁止生产、销售和燃放不符合质量标准的烟花爆竹。国家鼓励和倡导文明、绿色祭祀。

典型案例

锅炉排放烟尘污染案

某市市级幼儿园建于 2012 年 3 月，其内部建造的食堂和锅炉房均采用燃烧煤的方式做饭和烧水，烟囱每天排出滚滚浓烟。2012 年 9 月，市轮船总公司在紧邻幼儿园食堂和锅炉房的旁边动工修建了一座水上娱乐城。该水上娱乐城立即成为该市居民夏天消暑的好去处，生意十分兴隆。然而好景不长，由于幼儿园不断向外排放浓烟，导致水上娱乐城的水面上总是有一层黑色悬浮物。游客觉得太不卫生，于是不再去水上娱乐城，水上娱乐城的生意渐渐清淡。2012 年 11 月，经该市卫生防疫站检测，水上娱乐城的水质不符合卫生标准，责令其限期整改。水上娱乐城认为自己生意不好、被卫生防疫站责令限期整改的主要原因是幼儿园排放浓烟污染了水上娱乐城的水质，于是要求市环境保护局进行处理。市环境保护局受理后，经过现场检查、采样检测，鉴定幼儿园的 2 个烟囱的污染排放严重超标，是水上娱乐城水质恶化的主要污染源。市环境保护局责令幼儿园限期治理，达标排放，并罚款 15000 元。同时，水上娱乐城也将幼儿园告上法庭，要求其赔偿经济损失 16280 元。在庭审过程中，幼儿园辩称：幼儿园先建，水上娱乐城后建。市轮船总公司在明知幼儿园烟囱排放可能污染其水质的情况下仍然建造水上娱乐城，引起的一切后果应当由水上娱乐城自己承担，而且幼儿园认为自己已经接受了环境保护局 15000 元的罚款，不应该再给水上娱乐城赔偿了。

问题：①幼儿园辩称的理由是否成立？

②市环境保护的局处理是否正确，为什么？

二、防治水污染的法律规定

（一）水污染的概念及其危害

《中华人民共和国水污染防治法》第二条规定，本法适用于中华人民共和国领域内的江河、湖泊、运河、渠道、水库等地表水体以及地下水体的污染防治。海洋污染防治适用《中华人民共和国海洋环境保护法》。《中华人民共和国水污染防治法》第一百零二条规定："水污染，是指水体因某种物质的介入，而导致其化学、物理、生物或者放射性等方面特性的改变，从而影响水的有效利用，危害人体健康或者破坏生态环境，造成水质恶化的现象。"

根据造成水污染的原因，可以将水污染分为自然污染和人为污染。自然污染是因自然因素造成的水体污染，如洪水、火山爆发等；人为污染则是由于人类的生活和生产活动产生的废弃物对水体造成的污染，如生活污水的排放、工业废水的排放、废气排放到空气中，通过降雨及其对地面物的冲刷作用，也会使得这些废渣和废气对水体造成污染。

水污染对人体健康、工农业生产，以及生物的生存等造成的危害十分巨大。有毒有害物质污染水体后，经人的饮用危害人体健康甚至使人丧失生命；水污染直接影响工农业生产，甚至会破坏水体环境的平衡，造成整个生态环境系统的失衡。

（二）水污染防治的法律规定

我国的水污染防治立法工作是从 20 世纪 80 年代开始的，1979 年颁布的《中华人民共和国环境保护法（试行）》对水污染防治的原则、制度、措施等作了基本规定。1984 年 5 月 11 日，我国通过了第一部防治水污染的综合性专门法律——《中华人民共和国水污染防治法》。1996年 5 月 15 日，第八届全国人民代表大会常务委员会第十九次会议《关于修改〈中华人民共和国水污染防治法〉的决定》第一次修正。2008 年 2 月 28 日，第十届全国人民代表大会常务委员会第三十二次会议修订。2017 年 6 月 27 日，第十二届全国人民代表大会常务委员会第二十八次会议《关于修改〈中华人民共和国水污染防治法〉的决定》第二次修正。

1. 水污染防治措施的一般规定

《中华人民共和国水污染防治法》规定：禁止向水体排放油类、酸液、碱液或者剧毒废液。禁止在水体清洗装贮过油类或者有毒污染物的车辆和容器。禁止向水体排放、倾倒放射性固体废物或者含有高放射性和中放射性物质的废水。禁止向水体排放、倾倒工业废渣、城镇垃圾和其他废弃物。禁止将含有汞、镉、砷、铬、铅、氰化物、黄磷等的可溶性剧毒废渣向水体排放、倾倒或者直接埋入地下。禁止在江河、湖泊、运河、渠道、水库最高水位线以下的滩地和岸坡堆放、存贮固体废弃物和其他污染物。禁止利用渗井、渗坑、裂隙、溶洞，私设暗管，篡改、伪造监测数据，或者不正常运行水污染防治设施等逃避监管的方式排放水污染物。

2. 工业水污染防治的主要法律规定

《中华人民共和国水污染防治法》规定：国家禁止新建不符合国家产业政策的小型造纸、

制革、印染、染料、炼焦、炼硫、炼砷、炼汞、炼油、电镀、农药、石棉、水泥、玻璃、钢铁、火电以及其他严重污染水环境的生产项目。含有毒有害水污染物的工业废水应当分类收集和处理，不得稀释排放。工业集聚区应当配套建设相应的污水集中处理设施，安装自动监测设备，与环境保护主管部门的监控设备联网，并保证监测设备正常运行。向污水集中处理设施排放工业废水的，应当按照国家有关规定进行预处理，达到集中处理设施处理工艺要求后方可排放。国家对严重污染水环境的落后工艺和设备实行淘汰制度。

3. 城镇水污染防治的主要法律规定

《中华人民共和国水污染防治法》规定：城镇污水应当集中处理。县级以上地方人民政府应当通过财政预算和其他渠道筹集资金，统筹安排建设城镇污水集中处理设施及配套管网，提高本行政区域城镇污水的收集率和处理率。城镇污水集中处理设施的运营单位按照国家规定向排污者提供污水处理的有偿服务，收取污水处理费用，保证污水集中处理设施的正常运行。收取的污水处理费用应当用于城镇污水集中处理设施的建设运行和污泥处理处置，不得挪作他用。

4. 农业和农村水污染防治的主要法律规定

《中华人民共和国水污染防治法》规定：国家支持农村污水、垃圾处理设施的建设，推进农村污水、垃圾集中处理。使用农药，应当符合国家有关农药安全使用的规定和标准。畜禽养殖场、养殖小区应当保证其畜禽粪便、废水的综合利用或者无害化处理设施正常运转，保证污水达标排放，防止污染水环境。禁止向农田灌溉渠道排放工业废水或者医疗污水。

5. 船舶水污染防治的主要规定

《中华人民共和国水污染防治法》规定：船舶排放含油污水、生活污水，应当符合船舶污染物排放标准。从事海洋航运的船舶进入内河和港口的，应当遵守内河的船舶污染物排放标准。船舶的残油、废油应当回收，禁止排入水体。禁止向水体倾倒船舶垃圾。船舶装载运输油类或者有毒货物，应当采取防止溢流和渗漏的措施，防止货物落水造成水污染。禁止采取冲滩方式进行船舶拆解作业。

6. 对饮用水水源和其他特殊水体保护的法律规定

《中华人民共和国水污染防治法》规定：国家建立饮用水水源保护区制度。饮用水水源保护区分为一级保护区和二级保护区；必要时，可以在饮用水水源保护区外围划定一定的区域作为准保护区。在饮用水水源保护区内，禁止设置排污口。禁止在饮用水水源一级保护区内新建、改建、扩建与供水设施和保护水源无关的建设项目；已建成的与供水设施和保护水源无关的建设项目，由县级以上人民政府责令拆除或者关闭。禁止在饮用水水源一级保护区内从事网箱养殖、旅游、游泳、垂钓或者其他可能污染饮用水水体的活动。禁止在饮用水水源二级保护区内新建、改建、扩建排放污染物的建设项目；已建成的排放污染物的建设项目，由县级以上人民政府责令拆除或者关闭。禁止在饮用水水源准保护区内新建、扩建对水体污染严重的建设项目；改建建设项目，不得增加排污量。

7. 水污染事故应急处置的法律规定

《中华人民共和国水污染防治法》规定：各级人民政府及其有关部门，可能发生水污染事故的企业事业单位，应当依照《中华人民共和国突发事件应对法》的规定，做好突发水污染事故的应急准备、应急处置和事后恢复等工作。可能发生水污染事故的企业事业单位，应当制定有关水污染事故的应急方案，做好应急准备，并定期进行演练。企业事业单位发生事故或者其他突发性事件，造成或者可能造成水污染事故的，应当立即启动本单位的应急方案，采取隔离等应急措施，防止水污染物进入水体，并向事故发生地的县级以上地方人民政府或者环境保护主管部门报告。环境保护主管部门接到报告后，应当及时向本级人民政府报告，并抄送有关部门。

📖 **阅读材料**

国外城市水体综合治理案例——英国伦敦泰晤士河

（一）水环境问题分析

泰晤士河全长 402 公里，流经伦敦市区，是英国的母亲河。19 世纪以来，随着工业革命的兴起，泰晤士河两岸人口激增，大量的工业废水、生活污水未经处理直排入河，沿岸垃圾随意堆放。1858 年，伦敦发生"大恶臭"事件，政府开始治理河流污染。

（二）治理思路及措施

一是通过立法严格控制污染物排放。20 世纪 60 年代初，政府对入河排污作出了严格规定，企业废水必须达标排放，或纳入城市污水处理管网。企业必须申请排污许可，并定期进行审核，未经许可不得排污。定期检查，起诉、处罚违法违规排放等行为。

二是修建污水处理厂及配套管网。1859 年，伦敦启动污水管网建设，在南北两岸共修建 7 条支线管网并接入排污干渠，减轻了主城区河流污染，但并未进行处理，只是将污水转移到海洋。19 世纪末以来，伦敦市建设了数百座小型污水处理厂，并最终合并为几座大型污水处理厂。1955 年到 1980 年，流域污染物排污总量减少约 90%，河水溶解氧浓度提升约 10%。

三是从分散管理到综合管理。自 1955 年起，逐步实施流域水资源水环境综合管理。1963 颁布了《水资源法》，成立了河流管理局，实施取用水许可制度，统一水资源配置。1973 年《水资源法》修订后，全流域 200 多个涉水管理单位合并成泰晤士河水务管理局，统一管理水处理、水产养殖、灌溉、畜牧、航运、防洪等工作，形成流域综合管理模式。1989 年，随着公共事业民营化改革，水务管理局转变为泰晤士河水务公司，承担供水、排水职能，不再承担防洪、排涝和污染控制职能。政府建立了专业化的监管体系，负责财务、水质监管等，实现了经营者和监管者的分离。

四是加大新技术的研究与利用。早期的污水处理厂主要采用沉淀、消毒工艺，处理效果不明显。20 世纪五六十年代，研发采用了活性污泥法处理工艺，并对尾水进行深度处理，出水生化需氧量为5～10毫克/升，处理效果显著，成为水质改善的根本原因之一。泰晤士河水务公司近20％的员工从事研究工作，为治理技术研发、水环境容量确定等提供了技术支持。

五是充分利用市场机制。泰晤士河水务公司经济独立、自主权较大，其引入市场机制，向排污者收取排污费，并发展沿河旅游娱乐业，多渠道筹措资金。仅1987年到1988年，总收入就高达6亿英镑，其中日常支出4亿英镑，上交盈利2亿英镑，既解决了资金短缺难题，又促进了社会发展。

（三）治理效果

泰晤士河水质逐步改善，20世纪70年代，重新出现鱼类并逐年增加；80年代后期，无脊椎动物达到350多种，鱼类达到100多种，包括鲑鱼、鳟鱼、三文鱼等名贵鱼种。目前，泰晤士河水质完全恢复到了工业化前的状态。

第二节
防治固体废物污染和噪声污染的法律规定

一、防治固体废物污染的法律规定

（一）固体废物污染及危害

1. 固体废物污染的概念

《中华人民共和国固体废物污染环境防治法》第八十八条规定："固体废物，是指在生产、生活和其他活动中产生的丧失原有利用价值或者虽未丧失利用价值但被抛弃或者放弃的固态、半固态和置于容器中的气态的物品、物质以及法律、行政法规规定纳入固体废物管理的物品、物质。"固态废物包括工业固体废物、生活垃圾和危险废物等；半固态废物包括生产过程中产生的污泥、废油、废酸、废碱、废沥青等，以及生活中产生的水道污泥、厨房垃圾、人畜粪便等；置于容器中的气态废物的污染防治，也适用《中华人民共和国固体废物污染环境防治法》。气态的废物直接排入水体或者大气中，则分别适用《中华人民共和国水污染防治法》与《中华人民共和国大气污染防治法》的规定。根据《中华人民共和国固体废物污染环境防治法》第二条的规定，固体废物污染海洋环境的防治和放射性固体废物污染环境的防治不适用本法。固体废物污染，是指因不适当地贮存、利用、处理和排放固体废物而污染环境，从而导致危害人体健康和财产安全，以及破坏自然生态系统，造成环境质量恶化的现象。

2. 固体废物的特点

固体废物与废水、废气相比，固体废物量大面广，种类繁多，性质复杂，并且具有污染环境和可利用的双重性质。固体废物具有可转移性、处置的多样性和可与环境隔离性等特点。

固体废物长期露天堆放，其有害成分在地表径流和雨水的淋溶、渗透作用下通过土壤孔隙向四周和纵深的土壤迁移。在固体废物运输及处理过程中缺少相应的防护和净化设施，会释放有害气体和粉尘；堆放和填埋的固体废物，经挥发和反应放出有害气体，会污染大气并使大气质量下降。露天堆放的废物被地表径流携带进入水体，或是通过降雨的冲洗沉积和落入地表水系，造成水体严重缺氧，富营养化，导致鱼类死亡等。一些具有易燃、易爆的固体废物乱排乱堆，会引发爆炸、火灾等环境事故，会造成巨大的经济损失和人员伤亡。

（二）固体废物污染防治的法律规定

自 20 世纪 70 年代开始，我国就全面开展了关于固体废物的综合利用和管理工作，采取多种措施对固体废物污染进行治理。国家通过制定一系列法律、法规，使固体废物污染防治工作走上了法制化道路。国家环境保护局于 1991 年制定了《防治尾矿污染管理规定》，国家环境保护局、能源部于 1991 年发布了《防治含多氯联苯电力装置及其废物污染环境的规定》，国务院于 1993 年颁布了《城市生活垃圾管理条例》，城乡建设部于 1993 年颁布了《城市生活垃圾管理办法》，国务院于 1996 年批转了国家经济贸易委员会、财政部、国家税务总局《关于进一步开展资源综合利用的意见》，1999 年制定了《危险废物转移联单管理办法》和《废物进口环境保护管理暂行规定》，2001 年颁布了《畜禽养殖污染防治管理办法》，2001 年颁布了《报废汽车回收管理办法》。此外，国家还颁布了《危险废物焚烧污染控制标准》《生活垃圾污染控制标准》《进口废物环境保护控制标准》《城镇垃圾农用控制标准》《危险废物鉴别标准》等。1995 年 10 月 30 日，全国人民代表大会常务委员会通过《中华人民共和国固体废物污染环境防治法》，该法于 2016 年 11 月修订。

1. 防治固体废物污染环境的监督管理体制

《中华人民共和国固体废物污染环境防治法》第十条规定："国务院环境保护行政主管部门对全国固体废物污染环境的防治工作实施统一监督管理。国务院有关部门在各自的职责范围内负责固体废物污染环境防治的监督管理工作。县级以上地方人民政府环境保护行政主管部门对本行政区域内固体废物污染环境的防治工作实施统一监督管理。县级以上地方人民政府有关部门在各自的职责范围内负责固体废物污染环境防治的监督管理工作。国务院建设行政主管部门和县级以上地方人民政府环境卫生行政主管部门负责生活垃圾清扫、收集、贮存、运输和处置的监督管理工作。"

《中华人民共和国固体废物污染环境防治法》第二十三条规定："转移固体废物出省、自治区、直辖市行政区域贮存、处置的，应当向固体废物移出地的省、自治区、直辖市人民政府环境保护行政主管部门提出申请。移出地的省、自治区、直辖市人民政府环境保护行政主管部门应当商经接受地的省、自治区、直辖市人民政府环境保护行政主管部门同意后，方可批准转移该固体废物出省、自治区、直辖市行政区域。未经批准的，不得转移。"

2. 防治工业固体废物污染环境的法律规定

《中华人民共和国固体废物污染环境防治法》规定，国务院经济综合宏观调控部门应当会同国务院有关部门组织研究、开发和推广减少工业固体废物产生量和危害性的生产工艺和设备，公布限期淘汰产生严重污染环境的工业固体废物的落后生产工艺、落后设备的名录。生产者、销售者、进口者、使用者必须在国务院经济综合宏观调控部门会同国务院有关部门规定的期限内分别停止生产、销售、进口或者使用列入前款规定的名录中的设备。生产工艺的采用者必须在国务院经济综合宏观调控部门会同国务院有关部门规定的期限内停止采用列入前款规定的名录中的工艺。列入限期淘汰名录被淘汰的设备，不得转让给他人使用。建设工业固体废物贮存、处置的设施、场所，必须符合国家环境保护标准。禁止擅自关闭、闲置或者拆除工业固体废物污染环境防治设施、场所；确有必要关闭、闲置或者拆除的，必须经所在地县级以上地方人民政府环境保护行政主管部门核准，并采取措施，防止污染环境。

3. 防治生活垃圾污染的法律规定

《中华人民共和国固体废物污染环境防治法》规定，县级以上人民政府应当统筹安排建设城乡生活垃圾收集、运输、处置设施，提高生活垃圾的利用率和无害化处置率，促进生活垃圾收集、处置的产业化发展，逐步建立和完善生活垃圾污染环境防治的社会服务体系。清扫、收集、运输、处置城市生活垃圾，应当遵守国家有关环境保护和环境卫生管理的规定，防止污染环境。对城市生活垃圾应当及时清运，逐步做到分类收集和运输，并积极开展合理利用和实施无害化处置。城市人民政府应当有计划地改进燃料结构，发展城市煤气、天然气、液化气和其他清洁能源。禁止擅自关闭、闲置或者拆除生活垃圾处置的设施、场所；确有必要关闭、闲置或者拆除的，必须经所在地的市、县人民政府环境卫生行政主管部门和环境保护行政主管部门核准，并采取措施，防止污染环境。

4. 防治危险废物污染环境的特别规定

《中华人民共和国固体废物污染环境防治法》规定，国务院环境保护行政主管部门应当会同国务院有关部门制定国家危险废物名录，规定统一的危险废物鉴别标准、鉴别方法和识别标志。对危险废物的容器和包装物以及收集、贮存、运输、处置危险废物的设施、场所，必须设置危险废物识别标志。产生危险废物的单位，必须按照国家有关规定制定危险废物管理计划，并向所在地县级以上地方人民政府环境保护行政主管部门申报危险废物的种类、产生量、流向、贮存、处置等有关资料。从事收集、贮存、处置危险废物经营活动的单位，必须向县级以上人民政府环境保护行政主管部门申请领取经营许可证；从事利用危险废物经营活动的单位，必须向国务院环境保护行政主管部门或者省、自治区、直辖市人民政府环境保护行政主管部门申请领取经营许可证。具体管理办法由国务院规定。禁止无经营许可证或者不按照经营许可证规定从事危险废物收集、贮存、利用、处置的经营活动。禁止将危险废物提供或者委托给无经营许可证的单位从事收集、贮存、利用、处置的经营活动。收集、贮存危险废物，必须按照危险废物特性分类进行。禁止混合收集、贮存、运输、处置性质不相容而未经安全性处置的危险废物。转移危险废物的，必须按照国家有关规定填写危险废物转移联单。跨省、自治区、直辖市转移危险废物的，应当向危险废物移出地省、自治区、直辖市人民政府环境保护行政主管部门申请。移出地省、自治区、直辖市人民政府环境保护行政主管部门应当商经接受地省、自治区、直辖市人民政府环境保护行政主管部门同意后，方可批准转移该危险废物。未经批准的，不得转移。转移危险废物途经移出地、接受地以外行政区域的，危险废物移出地设区的市级以上地方人民政府环境保护行政主管部门应当及时通知沿途经过的设区的市级以上地方人民政府环境保护行政主管部门。转移危险废物途经移出地、接受地以外行政区域的，危险废物移出地设区的市级以上地方人民政府环境保护行政主管部门应当及时通知沿途经过的设区的市级以上地方人民政府环境保护行政主管部门。

阅读材料

北京宋家庄固体废物污染治理

2004年，北京宋家庄地铁工程建筑工地3名工人在探井时，由于地处农药厂污染地段，未处理的土壤中的废气导致工人中毒。此事引起北京市政府的高度重视，遂着手治理修复4000多平方米污染场地，先将"毒地"全部挖出，运到北京飞机场远郊，再进行化学焚烧，最后再运新土填补，前后历时10年，耗资1亿多元。从环境经济学的角度估算，北京市农药厂生产几十年给社会创造的价值是个负数。

二、防治环境噪声污染的法律规定

（一）环境噪声污染及危害

《中华人民共和国环境噪声污染防治法》第二条规定："本法所称环境噪声，是指在工业生产、建筑施工、交通运输和社会生活中所产生的干扰周围生活环境的声音。本法所称环境噪声污染，是指所产生的环境噪声超过国家规定的环境噪声排放标准，并干扰他人正常生活、工作和学习的现象。"由此可见，是以国家或地方制定的环境噪声排放标准为界限来区分环境噪声与环境噪声污染。

环境噪声污染是现代社会的一大公害。环境噪声污染会影响人们的工作、生活和学习；会影响人的听力甚至使人失去听觉；会干扰人的中枢神经，使人神经衰弱甚至致人死亡；会影响生产，损害建筑物，导致机械设备、仪器失灵；等等。

（二）环境噪声污染防治的法律规定

1979年颁布的《中华人民共和国环境保护法（试行）》对城市区域、工业和交通运输环境噪声污染防治作了原则性的规定。1982 年，发布了第一个综合性环境噪声标准——《城市区域环境噪声标准》。国务院于 1989 年发布了《中华人民共和国环境噪声污染防治条例》。1996 年 10 月，全国人民代表大会常务委员会通过了《中华人民共和国环境噪声污染防治法》。此外，国家还颁布了一系列声环境质量标准和环境噪声排放标准，如《城市区域环境噪声标准》《工业企业厂界噪声标准》《建筑施工场界环境噪声排放标准》《机场周围飞机噪声环境标准》《机动车辆允许噪声标准》，以及《声环境质量标准》等。我国有关环境噪声污染防治的法律规定具体有以下几种：

1. 环境噪声污染防治的监督管理体制

我国环境噪声污染防治工作实行人民政府领导、各级行政主管部门按职权划分实施统一监督管理与部门分工负责管理的行政管理体制。

（1）人民政府的职责。《中华人民共和国环境噪声污染防治法》第四条规定："国务院和地方各级人民政府应当将环境噪声污染防治工作纳入环境保护规则，并采取有利于声环境保护的经济、技术政策和措施。"第五条规定："地方各级人民政府在制定城乡建设规划时，应当充分考虑建设项目和区域开发、改造所产生的噪声对周围生活环境的影响，统筹规划，合理安排功能区和建设布局，防止或者减轻环境噪声污染。"第八条规定："国家鼓励、支持环境噪声污染防治的科学研究、技术开发、推广先进的防治技术和普及防治环境噪声污染的科学知识。"第九条规定："对在环境噪声污染防治方面成绩显著的单位和个人，由人民政府给予奖励。"

（2）各级政府职能部门的职责。《中华人民共和国环境噪声污染防治法》第六条规定："国务院环境保护行政主管部门对全国环境噪声污染防治实施统一监督管理。县级以上地方人民政府环境保护行政主管部门对本行政区域内的环境噪声污染防治实施统一监督管理。各级公安、交通、铁路、民航等主管部门和港务监督机构，根据各自的职责，对交通运输和社会生活噪声污染防治实施监督管理。"

2. 防治各类环境噪声污染的规定

（1）防治工业噪声污染的规定。工业噪声，是指在工业生产活动中使用固定的设备时产生的干扰周围生活环境的声音。《中华人民共和国环境噪声污染防治法》第二十三条至第二十五条规定，在城市范围内向周围生活环境排放工业噪声的，应当符合国家规定的工业企业厂界环境噪声排放标准。产生环境噪声污染的工业企业，应当采取有效措施，减轻噪声对周围生活环境的影响。在工业生产中因使用固定的设备造成环境噪声污染的工业企业，必须按照国务院环境保护行政主管部门的规定，向所在地的县级以上地方人民政府环境保护行政主管部门申报拥有的造成环境噪声污染的设备的种类、数量以及在正常作业条件下所发出的噪声值和防治环境噪声污染的设施情况，并提供防治噪声污染的技术资料。造成环境噪声污染的设备的种类、数量、噪声值和防治设施有重大改变的，必须及时申报，并采取应有的防治措施。

（2）防治建筑施工环境噪声污染的规定。建筑施工噪声，是指在建筑施工过程中产生的干扰周围生活环境的声音。《中华人民共和国环境噪声污染防治法》第二十八条至第三十条规定，在城市市区范围内向周围生活环境排放建筑施工噪声的，应当符合国家规定的建筑施工场界环境噪声排放标准。在城市市区范围内，建筑施工过程中使用机械设备，可能产生环境噪声污染的，施工单位必须在工程开工十五日以前向工程所在地县级以上地方人民政府环境保护行政主管部门申报该工程的项目名称、施工场所和期限、可能产生的环境噪声值以及所采取的环境噪声污染防治措施的情况。在城市市区噪声敏感建筑物集中区域内，禁止夜间（"夜间"指 22 点到次日 6 点）进行产生环境噪声污染的建筑施工作业，但抢修、抢险作业和因生产工艺要求或者特殊需要必须连续作业的除外。因特殊需要必须连续作业的，必须有县级以上人民政府或者其有关主管部门的证明。

（3）防治交通环境噪声污染的规定。交通环境噪声，是指机动车辆、铁路机车、机动船舶、航空器等交通运输工具在运行时所产生的干扰周围生活环境的声音。《中华人民共和国环境噪声污染防治法》第三十二条至第四十条规定：

① 禁止制造、销售或者进口超过规定的噪声限值的汽车。在城市市区范围内行使的机动车辆的消声器和喇叭必须符合国家规定的要求。机动车辆必须加强维修和保养，保持技术性能良好，防治环境噪声污染。

② 警车、消防车、工程抢险车、救护车等机动车辆安装、使用警报器，必须符合国务院公安部门的规定；在执行非紧急任务时，禁止使用警报器。

③ 铁路部门和其他有关部门应当按照规划的要求，采取有效措施，减轻环境噪声污染。

④ 除起飞、降落或者依法规定的情形以外，民用航空器不得飞越城市市区上空。城市人民政府应当在航空器起飞、降落的净空周围划定限制建设噪声敏感建筑物的区域；在该区域内建设噪声敏感建筑物的，建设单位应当采取减轻、避免航空器运行时产生的噪声影响的措施。民航部门应当采取有效措施，减轻环境噪声污染。

3. 防治社会生活噪声污染的规定

社会生活环境噪声污染，是指人为活动所产生的除工业噪声、建筑施工噪声和交通运输噪声以外的干扰周围生活环境的声音。

《中华人民共和国环境噪声污染防治法》第四十一条至第四十七条规定：

（1）在市区噪声敏感建筑物集中区域内使用的固定设备造成环境噪声污染的必须向环境保护主管部门申报，并采取措施，使其边界噪声不超过国家规定的排放标准。

（2）营业性文化娱乐场所边界噪声必须不超过国家规定的环境噪声排放标准。达不到这一要求的新建文化娱乐场所，有关部门不得核发文化经营许可证和营业执照。

（3）禁止任何单位和个人在市区噪声敏感建筑物集中区域使用高音广播喇叭。

（4）控制城市居民生活中产生的噪声污染，包括家用电器、乐器等家庭娱乐活动要控制音量，室内装修应限制作业时间。

典型案例

某市安居工程西苑小区二期民安园，由市经济适用住房发展中心承建，2016 年下半年居民开始陆续入住。2017 年 3、4 月，该市环境保护局不断接到该小区居民举报，称一墙之隔的铸造总厂发出的噪声连续 24 小时不停，严重干扰了小区居民的正常生活。该市环境保护局经监测发现，与小区相邻的是铸造总厂的制氧分厂，该厂原执行的是三类区域排放标准❶，即昼间限值 65 分贝，夜间限值 55 分贝❷，经过监测其排放的噪声并未超过这一标准。小区所在的区域原来是一个果园，因此不存在干扰周围生活环境的现象，所以工厂适用的是三类标准❸。之所以出现这样的局面，是因为市经济适用住房发展中心在规划、设计时，没有充分考虑到居民住宅区周围的环境噪声因素，在不适宜建居住区的区域建起了居民楼。《中华人民共和国环境噪声污染防治法》第十二条规定："城市规划部门在确定建设布局时，应当依据国家声环境质量标准和民用建筑隔声设计规范，合理划定建筑物与交通干线的防噪声距离，并提出相应的规划设计要求。"经市环境保护局协调，由市经济适用住房发展中心负责对受害居民的住宅采取噪声防护措施，如果仍出现噪声扰民的现象，居民可以提出退房要求。

第三节
防治海洋污染的法律规定

一、海洋环境污染及其危害

海洋，是指地球表面除陆地和陆地水域之外的水域。全球的海洋总面积占地球表面面积的 71%。海洋环境是人类赖以生存和发展的重要的自然条件，是指地球上连成一片的海和

---

❶　工业企业厂界噪声标准（部分）。

❷　标准值　各类厂界噪声标准值列于下表：

等效声级 L_{eq}〔dB(A)〕

类别	昼间/分贝	夜间/分贝
Ⅰ	55	45
Ⅱ	60	50
Ⅲ	65	55
Ⅳ	70	55

❸　各类标准适用范围的划定：Ⅰ类标准适用于居住、文教机关为主的区域；Ⅱ类标准适用于居住、商业、工业混杂区及商业中心区；Ⅲ类标准适用于工业区；Ⅳ类标准适用于交通干线道路两侧区域。

洋的总水域，包括海洋主体、海底和海水表层上方的大气空间，以及同海洋密切相关并受到海洋影响的沿岸区域和河口区域。海洋是地球生命的发源地，海洋中存在着丰富的海洋生物，其中，海洋动物占地球动物总数的 80%；海洋中有很多宝贵的海洋资源，如海底油气田、滨海矿砂等；海水本身也是一种重要的资源，如从海水中可以提炼出盐，提取钾、溴等化学元素。海洋很大程度上决定了整体的地球气象系统，控制着全球的气候等，海洋环境对人类具有十分重要的作用。人类在对海洋开发利用的同时，也对海洋环境造成了不同程度的污染和损害。

《中华人民共和国海洋环境保护法》第二条规定："本法适用于中华人民共和国内水、领海、毗连区、专属经济区、大陆架以及中华人民共和国管辖的其他海域。在中华人民共和国管辖海域内从事航行、勘探、开发、生产、旅游、科学研究及其他活动，或者在沿海陆域内从事影响海洋环境活动的任何单位和个人，都必须遵守本法。在中华人民共和国管辖海域以外，造成中华人民共和国管辖海域污染的，也适用本法。"该法对在管辖海域外的效力也作了特别规定，这与《联合国海洋法公约》的相应规定是一致的。

《中华人民共和国海洋环境保护法》第九十四条规定："海洋环境污染损害，是指直接或者间接地把物质或者能量引入海洋环境，产生损害海洋生物资源、危害人体健康、妨害渔业和海上其他合法活动、损害海水使用素质和减损环境质量等有害影响。"

其一，海洋污染会使海水受到损害，直接威胁到海洋生物的生长、繁殖和生存；

其二，海水污染通过食物链的富集，使有毒有害物质威胁到人类的健康；

其三，海洋环境的破坏与水质的变化会严重影响海洋本身的调整功能，从而影响全球生态失衡，增加全球灾害性天气频繁发生的可能性。

二、海洋环境保护的法律规定

我国政府自 20 世纪 70 年代开始，就注意有意识地保护海洋环境。第一个规范性法律文件是 1974 年国务院批准发布的《中华人民共和国防止沿海水域污染暂行规定》。1982 年通过《中华人民共和国海洋环境保护法》，该法在 2016 年 11 月修订实施。国务院先后颁布了《中华人民共和国防止船舶污染海域管理条例》《中华人民共和国海洋石油勘探开发环境保护管理条例》《中华人民共和国海洋倾废管理条例》《中华人民共和国防止拆船污染环境管理条例》《中华人民共和国防治陆源污染物污染损害海洋环境管理条例》等。我国参加和缔结的一些国际条约也是防治海洋环境污染法不可缺少的组成部分，较重要的有《联合国海洋法公约》《国际防止船舶污染公约》等。

（一）海洋环境保护的监督管理体制

《中华人民共和国海洋环境保护法》第五条规定："国务院环境保护行政主管部门作为对全国环境保护工作统一监督管理的部门，对全国海洋环境保护工作实施指导、协调和监督，并负责全国防治陆源污染物和海岸工程建设项目对海洋污染损害的环境保护工作。国家海洋行政主管部门负责海洋环境的监督管理，组织海洋环境的调查、监测、监视、评价和科学研究，负责全国防治海洋工程建设项目和海洋倾倒废弃物对海洋污染损害的环境保护工作。国家海事行政主管部门负责所辖港区水域内非军事船舶和港区水域外非渔业、非军事船舶污染海洋环境的监督管理，并负责污染事故的调查处理；对在中华人民共和国管辖海域航行、停泊和作业的外国籍船舶造成的污染事故登轮检查处理。船舶污染事故给渔业造成损害的，应当吸收渔业行政主管部门参与调查处理。国家渔业行政主管部门负责渔港水域内非军事船舶和渔港水域外渔业船舶污染海洋环境的监督管理，负责保护渔业水域生态环境工作，并调查处理前款规定的污染事故以外的渔业污染事故。军队环境保护部门负责军事船舶污染海洋环境的监督管理及污染事故的调查处理。沿海县级以上地方人民政府行使海洋环境监督管理权的部门的职责，由省、自治区、直辖市人民政府根据本法及国务院有关规定确定。"

（二）海洋环境保护的监督管理制度

1. 拟定海洋功能区划

海洋功能区划，是指依据海洋的自然属性和社会属性，以及自然资源和环境特定条件，界定海洋利用的主导功能和使用范畴。为保护具有重要的经济、军事、科学研究及自然风景价值的海域，采取特殊措施，进行特别保护。《中华人民共和国海洋环境保护法》第二十一条规定："国务院有关部门和沿海省级人民政府应当根据保护海洋生态的需要，选划、建立海洋自然保护区。国家级海洋自然保护区的建立，须经国务院批准。"

2. 重点海域排污总量控制制度

海域排污总量控制制度，是指在特定的时间内，综合经济、技术和社会等条件，确定污染物排放总量的控制指标，采取对污染源分配排放控制数量的形式，将一定空间范围内的污染物排放入海的数量控制在海域水环境质量容许的限度内而实行的污染控制的制度。

海域排污总量控制的对象是"重点海域"的"主要污染物"。《中华人民共和国海洋环境保护法》第三条第二款规定："国家建立并实施重点海域排污总量控制制度，确定主要污染物排海总量控制指标，并对主要污染源分配排放控制数量。具体办法由国务院制定。"第十一条规定："国家和地方水污染物排放标准的制定，应当将国家和地方海洋环境质量标准作为重要依据之一。在国家建立并实施排污总量控制制度的重点海域，水污染物排放标准的制定，还应当将主要污染物排海总量控制指标作为重要依据。"

3. 重大海上污染事故应急制度

《中华人民共和国海洋环境保护法》第十八条规定："国家根据防止海洋环境污染的需要，制定国家重大海上污染事故应急计划。国家海洋行政主管部门负责制定全国海洋石油勘探开发重大海上溢油应急计划，报国务院环境保护行政主管部门备案。国家海事行政主管部门负责制定全国船舶重大海上溢油污染事故应急计划，报国务院环境保护行政主管部门备案。沿海可能发生重大海洋环境污染事故的单位，应当依照国家的规定，制定污染事故应急计划，并向当地环境保护行政主管部门、海洋行政主管部门备案。沿海县级以上地方人民政府及其有关部门在发生重大海上污染事故时，必须按照应急计划解除或者减轻危害。"

（三）海洋生态环境的保护

《中华人民共和国海洋环境保护法》的立法目的是"为了保护和改善海洋环境，保护海洋资源，防治污染损害，维护生态平衡，保障人体健康，促进经济和社会的可持续发展，制定本法"。该法专门对建立海洋自然保护区、保护渔业资源及珍稀、濒危物种生长环境和红树林、珊瑚礁、海滨湿地、海岛等的生态保护作了严格规定。

（四）防治陆源污染物对海洋环境的污染损害

陆源污染物，是指从陆地向海域排放所造成或可能造成海洋环境污染损害的物质。主要有石油、农药、重金属、有机污染物、固体废物、放射性物质、传染病原和热能等。防治陆源污染物污染损害海洋环境的法律规定主要有：

《中华人民共和国海洋环境保护法》第二十九条规定："向海域排放陆源污染物，必须严格执行国家或者地方规定的标准和有关规定。"第三十三条规定："禁止向海域排放油类、酸液、碱液、剧毒废液和高、中水平放射性废水。严格限制向海域排放低水平放射性废水；确需排放的，必须严格执行国家辐射防护规定。严格控制向海域排放含有不易降解的有机物和重金属的废水。"第三十四条规定："含病原体的医疗污水、生活污水和工业废水必须经过处理，符合国家有关排放标准后，方能排入海域。"第三十六条规定："向海域排放含热废水，必须采取有效措施，保证邻近渔业水域的水温符合国家海洋环境质量标准，避免热污染对水产资源的危害。"第三十七条规定："沿海农田、林场施用化学农药，必须执行国家农药安全使用的规定和标准。"

（五）防止海岸工程建设项目对海洋环境的污染损害

海岸工程建设项目，是指位于海岸或者与海岸连接，工程主体位于海岸线向内陆一侧，对海洋环境产生影响的新建、改建、扩建工程项目。为防止这类项目对海洋环境的污染，《中华人民共和国海洋环境保护法》第五章作了专门规定，其主要内容包括：新建、改建、扩建海岸工程建设项目，必须遵守国家有关建设项目环境保护管理的规定，并把防治污染所需资金纳入建设项目投资计划。在依法划定的海洋自然保护区、海滨风景名胜区、重要渔业水域及其他需要特别保护的区域，不得从事污染环境、破坏景观的海岸工程项目建设或者其他活动。海岸工程建设项目单位，必须对海洋环境进行科学调查，根据自然条件和社会条件，合理选址，编制环境影响报告书（表）。在建设项目开工前，将环境影响报告书（表）报环境保护行政主管部门审查批准。环境保护行政主管部门在批准环境影响报告书（表）之前，必须征求海洋、海事、渔业行政主管部门和军队环境保护部门的意见。

禁止在沿海陆域内新建不具备有效治理措施的化学制浆造纸、化工、印染、制革、电镀、酿造、炼油、岸边冲滩拆船以及其他严重污染海洋环境的工业生产项目。严格限制在海岸采挖砂石。露天开采海滨砂矿和从岸上打井开采海底矿产资源，必须采取有效措施，防止污染海洋环境。海岸工程建设项目必须执行环境影响评价制度；海岸工程建设项目严格执行"三同时"制度；禁止或严格限制在海岸进行某些严重污染海洋环境的工程建设项目和活动；兴建海岸工程建设项目必须采取措施，保护国家和地方重点保护的野生动植物及其生存环境和海洋水产资源。

（六）防止海洋工程建设项目对海洋环境的污染损害

海洋工程建设项目，是指以开发、利用、保护、恢复海洋资源为目的，并且工程主体位于海岸线向海一侧的新建、改建、扩建工程。其主要的法律措施有：海洋工程建设项目必须符合全国海洋主体功能区规划、海洋功能区划、海洋环境保护规划和国家有关环境保护标准。海洋工程建设项目单位应当对海洋环境进行科学调查，编制海洋环境影响报告书（表），并在建设项目开工前，报海洋行政主管部门审查批准。海洋工程建设项目，不得使用含超标准放射性物质或者易溶出有毒有害物质的材料。

（七）防止倾倒废弃物对海洋环境的污染损害

海洋倾废，是指利用船舶、航空器、平台及其他载运工具将废弃物倾入或处置于海洋的活动，包括向海洋弃置船舶、航空器、平台和其他海上人工构建物以及向海洋处置由于海底矿物资源的勘探开发及其相关的海上加工所产生的废弃物和其他物质的活动。为了控制海洋倾废对海洋的污染损害，我国于1985年加入了《防止倾倒废弃物和其他物质污染海洋公约》，同年国务院发布了《中华人民共和国海洋倾废管理条例》。《中华人民共和国海洋环境保护法》也设专章规定了防治倾倒废弃物对海洋环境污染损害的制度及措施，主要内容有：任何单位未经国家海洋行政主管部门批准，不得向中华人民共和国管辖海域倾倒任何废弃物。需要倾倒废弃物的单位，必须向国家海洋行政主管部门提出书面申请，经国家海洋行政主管部门审查批准，发给许可证后，方可倾倒。禁止在海上焚烧废弃物。禁止在海上处置放射性废弃物或者其他放射性物质。废弃物中的放射性物质的豁免浓度由国务院制定。

（八）防止船舶及有关作业活动对海洋环境的污染损害

船舶是海上交通运输的主要工具，包括海上运输船舶、渔业船舶、军事船舶等。船舶向海洋排放的污染物主要是石油类、油性混合物、其他废弃物和有害物质。为了防止海洋环境污染，《中华人民共和国海洋环境保护法》设专章规定了防止船舶及有关作业活动对海洋环境的污染损害。主要措施有：禁止任何船舶及相关作业在我国管辖海域违法向海洋排放污染物、废弃物和压载水、船舶垃圾及其他有害物质；船舶及码头港口必须配备防污设施和具备防污能力；船舶必须持有防污文书；载运污染危害性货物要符合法律规定；完善并实施船舶油污损害民事赔偿责任制度；船舶进行散装液体污染危害性货物的过驳作业，应当事先按照有关规定报经海事行政主管部门批准；采取有效措施处理海上污染事故。

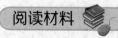

阅读材料

美国墨西哥湾漏油事件

2010年4月20日，英国石油公司租赁的位于美国墨西哥湾的"深水地平线"钻井平台爆炸起火。36 小时后，平台沉没，11 名工作人员遇难。在海底 1500 米处，原油从破裂的油管中喷涌而出，油井自 24 日起漏油不止并引发了大规模的原油污染。喷入墨西哥湾的原油总量多得令人难以想象。据科学家们最悲观的估计，这些石油可以装满 102 个学校的体育馆。这场灾难对生态环境造成了巨大的破坏。

关键词

环境污染、污染防治、大气污染防治、水污染防治、固体废物污染防治、危险废物污染防治、噪声污染防治。

小 结

本章介绍了环境污染的来源以及危害，并分别详细介绍了预防和治理环境污染和其他公害的法律制度，包括水污染防治、大气污染防治、固体废物污染防治、环境噪声污染防治等针对各个领域的环境污染防治的专门性法律。

思考题

1. 防治大气污染的法律制度有哪些？
2. 《中华人民共和国水污染防治法》对饮用水水源的保护作了哪些规定？
3. 环境噪声与环境噪声污染有什么区别？
4. 海洋环境保护的监督管理制度的主要内容是什么？
5. 《中华人民共和国固体废物污染环境防治法》对控制固体废物转移及危险废物管理作了哪些规定？

参 考 文 献

[1] 环境保护部环境监察局编写.《环境保护法》四个配套办法释义. 北京：中国民主法制出版社，2015.

[2] 张燕超主编. 环境保护税政策和征管百问百答. 北京：中国市场出版社，2018.

[3] 生态环境部规划财务司编. 排污许可管理手册. 北京：中国环境出版社，2018.

[4] 韩德培主编. 环境保护法教程. 北京：法律出版社，2016.

[5] 汪劲主编. 环境法学. 北京：北京大学出版社，2006.

[6] 魏振瀛主编. 民法. 北京：北京大学出版社，2008.

[7] 解振华主编. 中国环境执法全书. 北京：红旗出版社，1997.

[8] 刘国涛主编. 环境与资源保护法学. 北京：中国法制出版社，2004.

[9] 周玉华主编. 环境行政法学. 哈尔滨：东北林业大学出版社，2002.

[10] 王权典，高敏主编. 现代环境法学概论. 广州：华南理工大学出版社，2004.

[11] 朱文玉主编. 环境行政许可制度之研究. 哈尔滨：东北林业大学出版社，2005.

[12] 信春鹰主编.《中华人民共和国环境保护法》学习读本. 北京：中国民主法制出版社，2014.

[13] 刘定慧主编. 环境行政处罚法. 北京：中国环境科学出版社，2012.

[14] 环境保护部环境监察局编写. 环境行政处罚办法释义. 北京：中国环境科学出版社，2011.

[15] 陆新元主编. 环境监察（第三版）. 北京：中国环境科学出版社，2009.

[16] 刘定慧主编. 企业环境法律实务. 北京：中国环境科学出版社，2011.

[17] 崔卓兰主编. 新编行政法学. 北京：科学出版社，2004.

[18] 胡锦光，刘飞宇主编. 行政处罚听证程序研究. 北京：法律出版社，2004.

[19] 丹尼斯·米都斯. 增长的极限：罗马俱乐部关于人类困境的报告. 李宝恒，译. 长春：吉林人民出版社，1997.

[20] 世界环境与发展委员会. 我们共同的未来. 王之家，柯金良等，译. 长春：吉林人民出版社，1997.

[21] 中共中央关于全面推进依法治国若干重大问题的决定. 中国环境报，2014-10-24.